新常商
新商道

常州市工商联　编

中华工商联合出版社

图书在版编目（CIP）数据

新常商　新商道：勇争一流话常商 / 常州市工商联
编 . —— 北京：中华工商联合出版社，2019.9
ISBN 978-7-5158-2243-3

Ⅰ.①新… Ⅱ.①常… Ⅲ.①企业家—先进事迹—常
州②企业管理—经验—常州 Ⅳ.① K825.38
② F279.275.33

中国版本图书馆 CIP 数据核字 (2019) 第 160517 号

新常商　新商道

作　　者：常州市工商联
责任编辑：吴建新
封面设计：常州有谱传媒
责任审读：魏鸿鸣
责任印制：迈致红
出版发行：中华工商联合出版社有限责任公司
印　　刷：三河市南阳印刷有限公司
版　　次：2019 年 9 月第 1 版
印　　次：2019 年 9 月第 1 次印刷
开　　本：710mm × 1000mm 1/16
字　　数：180 千字
印　　张：13
书　　号：ISBN 978-7-5158-2243-3
定　　价：52.00 元

服务热线：010-58301130
销售热线：010-58302813
地址邮编：北京市西城区西环广场 A 座
　　　　　19-20 层，100044
HTTP：//www.chgslcbs.cn
E-mail：cicap1202@sina.com（营销中心）
E-mail：gslzbs@sina.com（总编室）

目录 CONTENTS

精 神 篇

经世致用

实业报国

儒风蔚然

贡 献 篇

强市富民

责任担当

附录

后记

序

2019 年，我们迎来新中国七十周年华诞，常州也迎来解放七十周年纪念日。这七十年，是在中国共产党的领导下，中华民族奋发图强，用理论指导实践，告别千疮百孔、一穷二白，经济社会实现翻天覆地变革的时代；是在中国特色社会主义旗帜引领下，人民群众自力更生，用汗水浇灌明天，构筑"四个自信"，精神风貌焕发前所未有容光的时代。立足非公经济发展的角度和常州的视域，我们取一个时代的切面，挖掘小微样本的典型价值，提炼历史片段的史学意义，来剖析发展的脉络，解读现实的启迪。

回顾这 100 多年的历史，我们可以发现，常州经历了守旧和创新、吸收和扬弃、困惑和奋发、徘徊和飞跃，这些充满着悲壮、激荡、追赶和兴奋的历程。常州之所以能够始终抢立潮头、焕发新颜，始终走在时代前列，积极进取、创新求变、海纳百川、求真致用的常州文化精神，正是其生生不息的力量源泉。新中国成立 70 年来，在社会主义改造、社会主义建设和改革开放的伟大进程中，广大常商以坚定的政治觉悟、开阔的眼光视野，听从党的召唤，服务人民需求，建树了常州经济和社会发展的奇迹。在高质量发展的今天，广大的民营企业家们，咬定青山不放松，勇攀险岩人为峰，为"建好三个明星城，种好常州幸福树"作推动和基础，为"勇争一流，耻为第二"的常州精神作解读和印证。

常商为何，商道为何，历史的验证和当下的演绎是多样多彩的，但核心要义只有两个，一是用什么样的思维认识世界和历史，二是用什么样的方法和精神来顺应潮流、谋求发展。从名士乡绅到企业家，他们创造了常商的商道：以卓越的眼光心胸日进日新，以敏锐的洞察决断把握规律，以深厚的人文积淀涵养精神，以开拓的胆魄创新未来。

是为序。

政治篇

　　从近代工商业的主体，到社会主义改造的参与者和支持者，再到中国特色社会主义建设者，广大常商顺应潮流，自新中国建立特别是改革开放以来，成为经济发展和社会进步的重要力量。

凯歌行进的岁月

1949 年至 1956 年，国家对农业、手工业和资本主义工商业进行社会主义改造，建立社会主义制度，实现了数千年未有的变革。广大常商顺应历史潮流，拥护党的领导，积极投身建设和发展的热潮，体现了崭新的风貌。

V 2011 年年底开业的新北万达商业综合体。

迎接光明

1949年4月23日凌晨，常州解放。

仿佛就是在一夜之间，胜利的红旗插遍了常州的大街小巷，标志着一个旧时代的结束，彻底的结束。

当更多的市民从睡梦中醒来，走到大街上，他们惊讶地发现：解放军已经进城，宣传队已经在向市民讲解政策，关门歇业多日的商店已经开门营业……

似乎什么都没有改变，可似乎什么都已经改变，常州已然回到了人民的手中，第一次真正属于人民。

北直街口一位摆香烟摊的老太太，她看到人民解放军进城了，就翻箱倒柜找出来一条红裙，说是她出嫁时候穿过

的，三下五除二就改成了一面红旗。她把红旗插在自己的烟摊前，逢人就说："共产党、解放军为我们流血牺牲，不表示点心意，我良心上说不过去！"分辨好坏善恶的那杆秤，始终就在人民的心头。

迎接光明的第一天，常州城秩序井然，市民生活并未受到战争的影响。其中的原因，除了国民党腐朽不堪的反动统治抵挡不住人民解放军势如破竹、摧枯拉朽的推进，除了江南人民向往光明、民心所向的热切期盼以外，必须要记住中共地下党组织为配合解放大军南下解放常州、顺利接管城市而在常州城乡各界，尤其是常州工商业群体中所做的大量的卓有成效的工作。

解放前的常州，由于官僚买办资本

1949年，常州工商业者游行庆祝新中国成立。

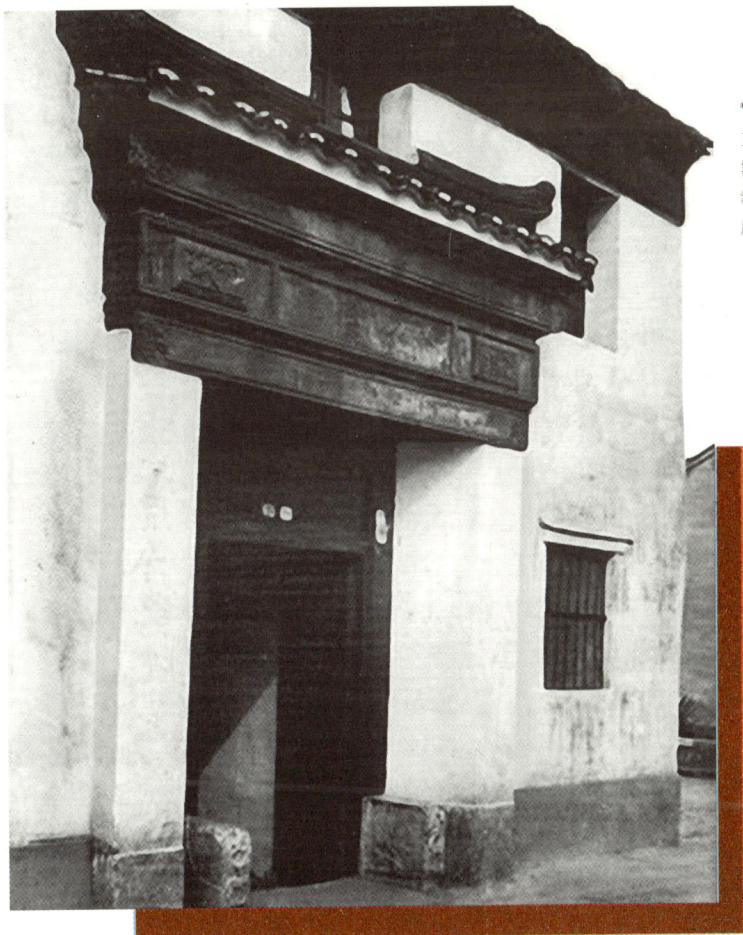

1913年常州第一家机器制造企业——厚生制造机器厂在永宁寺原址创办。

的垄断，大量国外倾销商品充斥市场，受战争和恶性通货膨胀的影响，常州的民族工商业处于风雨飘摇之中，许多工商业者处在濒临破产的边缘。据统计，解放前夕，常州全市私营工商业企业共有298个，千人以上规模的仅3个，百人以上的51个，数十人的小厂和作坊居多。全市设备陈旧、技术落后、无动力设备的工厂（场）有84个。纺织行业纱锭87761枚，布机9338台，大多是外国淘汰货，布机中有一半以上是脚踏手拉的铁木机。印染设备仅有卷染机125台，印花机及纳夫妥机8台，多数是染缸，只能染蓝、黑、灰3种单色布。机器行业虽有各种设备637台，但简陋陈旧，80%已超过规定使用年限，精密度很差，大多数厂家只能搞修配。电气业发电机组容量仅2万千瓦。解放前夕，全市工厂和手工作坊大多开工不足，或处于停产、半停产状态。全市商业户（包括饮食、服务业和家庭商业户）共计4086户，从业人员10797人。商店大多集中于市中心，其它地方大多呈萎缩状态。唯银楼、菜馆、浴室、旅店、舞厅，及投机性行业如木行、粮行畸形发展，呈现虚假繁荣。

建立和巩固新生的人民政权，除了军事战线的斗争外，还有经济战线的斗争。共产党领导的人民政府有没有能力把经济形势稳定下来，把生产恢复起来，使新生政权在经济上取得发展，从而在政治上站住脚跟，这是广大人民群众，尤其是爱国民主人士、民族资本家们十分关注和期待的。

1949年春，人民解放军集结在长江北岸，准备渡江南下，常州工商界中也有部分人员人心惶乱，少数人还选择避居上海、远走香港。在这关键时刻，中国共产党武进城市工作委员会（以下简称中共武进城工委）分别向常州工商界代表人物查秉初、何乃扬等发了密信，阐明形势，交待政策，表达了党对民族工商业者的关怀与期望。在给查秉初的信中说："我党在城市中的革命对象，一般只限于国民党反动派统治机构及其真正的官僚资本家，对于民族资产阶级，我党不是革命，而是共同联合，形成坚强的民主统一战线。"密信号召全市工商业者"坚守自己的岗位，在短期内迅速复业"，"维护城内的治安秩序"，"能自发地阻止破坏行动，保护并妥善地存放各种物资"，

1949年，常州人民群众自发组织腰鼓队庆祝新中国成立。

迎接光明的到来。接信后，查秉初惊喜交加。按照信中要求，他对国民党当局向商会征索的所谓自卫特捐大米员额，采取了拖延的办法，要求延期3天。3天后，国民党军队和政权均已逃窜，结果粒米未缴。至4月22日晚，常州的国民党军政机构已全部南逃，解放军尚未到达。为维持社会治安，23日上午，商会召集各业负责人，召开紧急会议，查秉初宣读中共武进城工委信函，与会者人心稍安。会议部署各业照常生产经营，加强护厂护店，并急召全城18个区救火会的消防队员上街值岗巡逻，有效地维护了地方安全。24日，全城多数商店已经开门营业，工厂也已经开工生产，全城秩序良好。自25日起至5月1日，商会4次组织民营汽车、汽船，支援解放军进军追击逃敌，并组织面粉业、碾米业急筹大米2.5万斤供解放军军粮之需。

在常州中共地下组织的严密组织下，全市工商业者中的绝大多数，怀着对新生人民政权的期待，在政权更替的关键时刻，保护了工厂、学校等各类设施，保护了市政设施免遭国民党反动派的破坏，为常州的顺利解放和人民政权的建立，起到了不可磨灭的重要历史作用。

经济交锋

1949年3月，中共七届二中全会召开。会议科学地分析了革命胜利后我国的社会经济成分，认为国营经济、合作社经济、私人资本主义经济、个体经济等将是构成新中国经济的主要形式。对于这几种经济成分，党确立了应对的政策：第一，必须没收官僚资本归人民共和国所有，使这部分经济成为社会主义性质的国营经济，成为整个国民经济的领导力量。第二，对于占现代工业经济第二位的私人资本主义经济，必须采取既利用又限制的政策。这就是说，利用它的积极性，以利于国民经济的恢复和发展，但必须限制它的消极方面，将其纳入国家经济政策和经济计划的轨道。第三，对于占国民经济90%左右的农业和手工业经济，必须谨慎地、逐步地而又积极地引导它们通过合作社的形式，向着集体化和现代化的方向发展。

会上，毛泽东主席告诫全党："夺取这个胜利，已经是不要很久的时间和不要花费很大的气力了；巩固这个胜利，则是需要很久的时间和要花费很大的气力的事情。资产阶级怀疑我们的建设能力。帝国主义者估计我们终久会要向他们讨乞才能活下去。"他强调指出："夺取全国胜利，这只是万里长征走完了第一步。如果这一步也值得骄傲，那是比较渺小的，更值得骄傲的还在后头。""我们不但善于破坏一个旧世界，我们还将善于建设一个新世界。"

会议精神逐级传达，到达常州的时候，常州的各项工作正有条不紊地进行着。4月24日，人民解放军举行入城仪式；25日，全市工商界座谈会召开，讨论克服困难、恢复和发展生产等问题；28日，中共常州市委、市人民政府、市军事管制委员会同时成立；30日，市军管会发布银字第一号布告，规定市场交易以人民币为本位币，任何人不得拒用人民币。

事实上，常州所面临的问题的严重性、复杂性远比预料的还要严重。从政治层面上看，这是建立新生人民政权必须要面临的生死考验；从经济层面上看，全市工商业生产经营的恢复与发展，将是新生人民政权巩固发展的必有路径。

常州工商业经济何去何从，全市工商业者都保持着审慎的关注。

国民党给常州人民留下的是一个十分落后的千疮百孔的烂摊子，国民党统治下长期的恶性通货膨胀，造成物价飞涨、投机猖獗、市场混乱的局面，很多掌握大量资本的投机商、银元贩子趁机兴风作浪，给常州工商业的健康恢复和国民经济的恢复发展带来了极大的困难。

斗争永远不是一劳永逸的。

新成立的常州市委、市人民政府、市军管会多管齐下，一方面召集各行业职工代表，召开代表会议，进一步提出恢复生产、组织工会、加紧学习三大任务，另一方面召开全市工业界座谈会，商讨克服困难、发展生产的问题，三是组建国营常州建中贸易公司，应对大米、棉纱、布匹等可能出现的市场短缺、价格上涨等情况。常州市工商局为扶持私营工商业正常发展，并同不法资本家

进行经济斗争，发出《通告》，对全市公私营工商业户限期申请登记。

树欲静而风不止。

从4月底开始，常州市场涌动着一种不安的情绪。由于粮食短缺，私营粮商在市场上的活动显得特别活跃，他们与部分投机商勾结一起，把投机的筹码都集中在粮食、银元、棉纱等几种重要的商品上，常州市场出现了三次较大规模的物价波动。比如在4月29日，每枚银元的价格由45万元（金圆券，下同）涨到100万元。6月8日，大米每担价格上涨了4倍。短短一个月中，常州市场黄金、银元、大米、棉纱和一般商品的价格猛涨，物价的涨幅远高于同期沪宁线其他城市。其中，黄金上涨3倍，银元涨了3倍多，棉纱上涨近3倍，严重影响人民币的流通，造成人心浮动，人民群众生活困难，也给正当工商业者的经营带来了极大的冲击。

常州军管会必须要"亮剑"了。

为了制止物价的狂涨，保障人民的生活。6月9日，市军管会就物价问题采取4项紧急措施：一是由政府召开米粮业会议，对故意囤积居奇，进而操纵市场的投机者给予警告，如敢故犯，定予严办。二是由建中公司以职工、教师、寄宿学生及零售米店为对象配售大米。三是禁止以银元为单位计算物资或交易，违者严惩。四是规定一切市场及商店、行庄、商贩等必须守法经营，严禁投机倒把、任意抬高价格等非法行为。建中公司随即在市场抛售大米72万余斤、面粉1.35

万包，另拨出大米20.53万斤，对机关团体和有组织的职工、公教人员、寄宿学生实行第一次低价供应，稳定了人心。6月15日，市场物价开始下跌，物价涨势得到了暂时缓和。

到了7月初，此时正值小麦大量上市，农民急需以麦换米。投机商公开在市场上与国营公司对抗，他们见建中公司抛售大米，就拼命吸进，建中公司买进大米，就大量抛出，以此左右市场，米价的上涨还引起了棉布等物价的波动。为平抑物价，市政府决定加强市场管理，一方面由工商行政部门派员驻市场办公，加强市场管理，由同业用民主方式选出管理委员会，确定定时交易，严禁场外交易，并成立检查小组，防止投机商哄抬粮价，对抬高米价的米商进行处理。另一方面国营建中公司从山东等地调进大批粮食、柴油、煤炭，低价抛向市场，并灵活掌握牌价，调剂供求，价高抛售，价低收进。与此同时，加强了金融管理，人民银行设立储蓄部，城内设东、西、南、北4个银行分理处。对米、面、布、油、柴五项必需品按折实价格计算，并举办折实储蓄吸收游资，存款顿时激增。此外，各级机关还开展整编节约，减少支出，全市物价又趋于平稳。

转眼到了1949年10月至1950年2月，临近年关，少数不法资本家和投机商人企图与国营经济再次进行较量。针对来势凶猛的物价上涨风，建中公司采取了各种有力的经济措施。人民银行抓紧收缩通货，停放公私贷款，缓发机关经费，税收部门限期税款入库，减少通货流量等，到年底前回笼货币达28亿元（旧币）。这时，投机商脱货求现，私营百货业的囤积户也不得不脱手出售，至12月上旬，物价遂一度下降，趋向缓和。

一波未平一波又起。春节前，个别不法私商抱有年关"红盘"必涨的心理，调集资金，抢购和囤积物资，特别是在春节休假期间，掀起连日上涨风，妄图继续与国营经济较量。但出乎投机商的意料，建中公司对这场反投机斗争早有准备，春节前就分别从各地调进大量大米平价出售，并大量供应纱、布、食油、盐、肥皂、香烟等生活必需品。春节后，粮食、纱布、食油等主要商品按节前市价敞开供应。开始时，投机商还妄图背水一战，他们接连几天抢购市场上的粮食、棉纱，并伺机抬高售价，但到第四天见势不妙，想把抢购的物资吐出来时已经晚了，陷入进退两难的境地。他们的资金是以很高的利息从银行贷来的，原以为只要再次掀起物价上涨，转手间就能获取暴利，却事与愿违，在占压倒性优势的国营经济面前，他们已失去了操纵市场、左右物价的能力，不仅未获暴利，反而连本带息，赔个精光，从此失去了本钱，以彻底失败而告终。

到了1950年3月28日以后，常州市场主要商品价格大幅度下降，稳定在1月份水平。国营经济通过与投机势力的反复较量，已经发展壮大，逐步取得了商品市场的领导权。从全国范围来看，新解放城市几乎都遇到了相同的问题，而党和政府在利用私人资本主义积极作用的同时，限制其不利于国计民生的消极作用，取得了第一个回合的胜利，得到了人民群众的广泛支持，对广大私营工商业者而言，更是一次全面的守法经营实践教育。

至此，常州的广大工商业者终于明白了一个道理，"解放军不仅进得了常州，人民币也进得了常州"。

筹组工商联

经过 1949 年下半年到 1950 年年初的三次交锋，常州城乡基本实现了财政经济的统一，物价也趋于稳定。由于社会虚假购买力的消失，金融、粮油等行业非法经营也受到了强有力的限制，钱庄、金银首饰等行业因为需求的减少而陷入经营困境，加之部分工商业者自身经营不善，对军管会及人民政府政策的理解不到位，层出不穷的劳资纠纷等原因，常州工商业户停工、歇业关张的数量呈现逐月增加的趋势。1950 年上半年，全市停业关张的工商户就达 1400 多户。

成立新的工商联，进一步贯彻"发展生产、繁荣经济、公私兼顾、劳资两利"的经济恢复方针，已经刻不容缓。

1949 年 9 月 28 日，常州市各界人民代表会议提议为了适应新中国成立后的形势，贯彻执行党的工商政策，建议筹备组建常州市工商业联合会。10 月 10 日，原武进县商会召集工商界代表人士 30 多人，召开座谈会，常州市人民政府代市长诸葛慎出席了会议。诸葛慎在会上指出："本市工商界亟需一个合法的、民主的组织来领导，这不仅是工商界本身的事，且事关地方城市的建设与整个革命事业。"会议同意由工商业代表查秉初等 34 人为发起人，并通知各行业推选代表 90 多人召开筹备会议。会议采取民主协商的办法产生筹备委员会委员 37 人，委员由公营企业、工业企业、商业等行业的代表构成。

10 月 14 日和 18 日，市工商联筹备委员会分别召开第一次和第二次会议，通过了筹备委员会常务委员名单、筹委会简章、筹备委员会成立大会等事宜。经过紧张筹备，11 月 5 日，市工商联筹备委员会成立大会召开。常州市军管会主任吴觉、常州专区专员张志强、政委王晓楼、代市长诸葛慎等出席会议并讲话。筹委会主任委员何乃扬在会上提出了市工商联筹委会最近一阶段的七项基本任务：一是接管旧商会。二是整理各业同业公会，推动没有组织的行业组织起来。三是研究生产与运销。四是关于工商各业的调整事项。五是宣传与执行政府的政策、法令。六是研究工商法规。七是调查各地产品的产销情况。

从市工商联筹委会成立到 1953 年 1 月市工商联正式成立前，常州广大工商业经营者在市委、市军管会的统一领导下，相继开展了协调劳资关系、接受加工订货和经销代销、城乡物资交流活动。期间，除继续支前献粮、认购国家经济建设公债外，还积极开展抗美援朝运动和工商领域的"五反"运动。

抗美援朝运动

前些年，风靡一时的电视剧《亮剑》中的主人公李云龙说过一句话："面对强大的敌人，明知不敌也要毅然亮剑。即使倒下，也要成为一座山，一道岭！"

亮剑是一种精神。

亮剑是需要底气的。

1950年10月，我们向当时世界上最强大最狂妄的利益集团亮剑。

那年，新中国刚刚诞生一周年，国内百废待兴。

朝鲜战争爆发后，美国打着联合国的旗号，纠集了10余个国家参与战争，并将战火烧到中朝东北边境。全国人民在党中央"抗美援朝、保家卫国"的号召下，掀起了轰轰烈烈的抗美援朝运动。

常州工商界有着光荣的爱国传统。1950年11月，常州市工商联筹委会和全市各民主党派、人民团体联合发表声明，坚决拥护中共和全国各民主党派发表的联合宣言，表示要"为抗美援朝、保家卫国的神圣任务而奋斗"。12月1日，市工商联筹委会成立工商界爱国公约实践委员会，发动工商业各行业迅速掀起制定以增产节约为主要内容的爱国公约活动，并发表《告工商同业书》。12月9日，为庆祝平壤解放，市工商联筹委会在常州剧院举行大会，并发动工商界捐献毛巾1万余条，捐款近0.5万元，用实际行动慰劳中国人民志愿军和救济朝鲜难民。

1951年3月4日至5日，常州市召开各界人民抗美援朝代表会议，由何乃扬主持，李南芗报告筹备经过，张允溪传达中国人民保卫世界和平反对美国侵略委员会苏南分会全体会议上汪海粟部长关于《进一步开展抗美援朝保家卫国运动》的报告。

1951年6月1日，中国人民抗美援朝总会发出推行爱国公约、捐献飞机大炮和优抚烈军属的三大号召。7月，常州市成立抗美援朝分会，工商界成立以何乃扬、李杏卿、吴志廉等56人组成的常州市工商界抗美援朝运动推进委员会，响应总会"六一"三大号召，推动增产节约和爱国捐献工作。工厂工人把"工厂当战场、机器当武器"，立足现有机器设备，不断开动脑筋，进行技术革新，提高生产效能，挖掘生产潜能，把加班加点生产看作是对爱国公约最好的落实。除了上面提到的增产节约用于捐献之外，机关、学校、工人、商店以及普通市民，纷纷主动捐钱捐物，涌现出许多感人至深的先进典型。光荣妈妈杨纯一次就捐献铜元1987个，年逾花甲的毛老太把戴了40年的耳环也捐献出来。这样的例子举不胜举。在工商联筹委会和各企业的努力下，共捐款183万元，折合战斗机12.173架，占全市捐献总数的75.6%，超额完成捐献飞机10架的任务。

常州市工商界的抗美援朝运动与常州国民经济的恢复发展紧密联系，与市民的工作学习生活紧密结合，与新生人民政权的巩固紧密关联。全市工商业从业者纷纷响应常州市抗美援朝分会的号召，制订出符合自身实际的爱国公约，以实际行动发展生产、巩固经济、支援前线。大成三厂制定了五条爱国公约，分别涉及巩固经济、严守工作岗位、勤俭节约、慰劳中朝人民军队战士和救济朝鲜难民等。到1951年9月底，全市工商业中有120个行业、5097个单位制定推出行业或者单位的爱国公约，有力推动了捐献、优抚、生产等各项工作，促进了抗美援朝运动的深入开展。

至1952年5月，全市共捐款250万元，折合战斗机16.5架，超额完成了原定计划，为前线的斗争提供了宝贵的物质支持，表现出常州人民团结一致的伟大力量。此外，常州人民还积极拥护市爱卫会发出的爱国防疫卫生运动的号召，各级各部门认真反复做好宣传发动和卫生知识的普及工作。广大市民组成了上百个爱国卫生宣传服务队，积极投入春夏两季爱国卫生运动，参加突击清卫工作的市民最多时达到15万人次。整个1952年，常州人民创造了环境卫生和城建工程的一个奇迹：清除垃圾4万余吨，修建下水道1.7万米，填埋露天粪坑0.9万个，疏通阴沟1万米，蚊蝇、跳蚤、臭虫等的消杀成果显著，城市卫生环境治理取得阶段性成果，城市面貌焕然一新。爱国卫生运动的顺利开展，不仅是抗美援朝运动的重要组成部分，更为重要的是，提高了广大市民的卫生知识和防疫水平，增强了身体素质，保证了抗美援朝运动各项工作的顺利推进。

抗美援朝运动成为全市工商业者值得珍藏的一笔宝贵的历史财富。

工商领域"消五毒"运动

"奸商奸商，无商不奸。"民间这句老话常被人挂在嘴边，追问和检验着商人的诚信和良知。

随着"三反"运动的深入开展，"拔出萝卜带出泥"，一些资本家、商人的不法行径被揭发出来。这些人在旧社会"酱缸"里浸淫多年，投机取巧，唯利是图，花样百出，手段种种。有的以进货不登账、一票多用、伪造税务局查验印等方法偷税漏税，1951年全年案发1万余起，案值50余万元。市税务局集体贪污案中就有293家商户行贿，其中23家逃税16万余元。一个木材业老板还组建了"法规研究会"，专攻偷税"妙法"。有的以次充好、以假充真，想方设法偷工减料，甚至把假药、劣质病床、死牛肉、腐臭萝卜干、外熟内生饼干作为支前物资供应给前线的志愿军，还贪污工人支援抗美援朝的增产捐献款。有的以色利拉拢、腐蚀机关干部，在机关内发展贪污分子作为内线，勾结起来利用经济情报，钻政策空子，牟取暴利。这些劣行引起了公愤，常州和全国各地一样，在"三反"运动同时还开展了反行贿、反偷税漏税、反盗骗国家财产、反偷工减料和反盗窃经济情报等"五毒"行为的"五反"运动。

运动刚开始，一些工商界人士很紧张，不肯配合。有人对党的政策因成见、偏见而误解，认为"彻底坦白是肉头"，个别有问题的更是做贼心虚、激烈对抗，有的销毁账册票据掩盖罪证，有的订立攻守同盟，有的称病装傻不坦白，有的软硬兼施，迷惑、威胁员工不要检举。工人对事实性质认识不清，有的以为"运动是政府的事，犯不着得罪老板"，有的顾忌"搞垮了厂（铺）子，带累自己没饭吃"。

为此，市委采取了一系列措施。1951年12月中旬，市委书记崔涛在全市工商联筹委会全体会议上作动员，要求全市工商界开展"四反"（反行贿、反欺诈、反偷漏、反暴利）斗争。1952年1月，市委选定碾米业为重点坦白检举行业，月底连续三天召开坦白检举大会。1月24日下午召开全市店员工会会员代表大会，400余名代表联合发出《给全市店员兄弟的一封信》，动员大家行动起来，揭发不法商人，大会当场收到检举材料1800余件，会后半个月内检举材料达4000余件。2月1日，在凯旋、大光明、新华、常州四个影剧院同时举行不同行业的坦白检举会，并颁布了五项措施：犯"五毒"者必须向政府递交坦白书；运动期间，各私营厂、店负责人一律不准擅自离开；不准订立攻守同盟、造假账册、销毁账册；不准威胁、打骂、利诱、解雇或调离职工；对勇于检举的人，政府保障其工作权。

全市"五反"运动声势浩大地向纵深推进，市委成立了"五反"委员会，举办店员、会计短训班，市增产节约委员会工商界分会召集工商联各业筹委会千余人开会，妇联成立了动员委员会和由骨干积极分子组成的行动小组，店员工会在48个行业成立了150个检查组和检查小组，全市兴起群众性检举热潮。至2月底，"五反"运动的坦白交待阶段宣告结束。

一大堆问题暴露出来，需要进行细致的梳理研究和分类剖析。市委抽调60多人进驻木业、酒酱业试点企业，至3月27日结束，总结出分类、处理的标准和步骤等经验。市委"五反"委员会在全市分块、分行业成立了11个分支机构，统一行动，对全市所有工商户在摸底调查的基础上排队、分类，按工商户的资金、规模，划分为大户447户、中户556户、小户2950户、无职工户3335户，按违法情节、违法所得、思想态度、政治表现等，将其认定为守法户、基本守法户、半守法半违法户、完全违法户和严重违法户。

4月中旬，市委领导亲自率队到上海取

经，回来后按照"过去从宽，今后从严；多数从宽，少数从严；坦白从宽，抗拒从严；工业从宽，商业从严；普通商业从宽，投机商业从严"的原则，结合全市实际，确定工商户自报互评、职工审查、政府批准的三级审查制，五六月份对全市所有工商户逐一进行定案处理。随后，根据中央的规定，参照上海的办法，市委制定《常州市对工商户违法数字的核算标准和办法》《处理"五反"运动中工商业户偷税漏税案件参考资料》，通过"一学习二试算三推广"，细致地核算退财补税，全市共核定1594户应退补937.88万元。在8月12日的退补大会上，市委当场向工商户发放退补通知书。市委还成立了"五反"评议委员会，通过召开座谈会、个别谈话等方式了解退补情况，接受工商业户的复议申请。

常州市在全市工商界开展"五反"运动全过程中，注意掌握政策、结合实际，只孤立、打击少数不法者，着重保护和激发劳资双方的积极性，贯彻了"把群众开展'五反'斗争的积极性有效地引导到生产中去"的要求，对强化合法经营意识起到积极的推动作用，也为随后进行的社会主义改造奠定了基础。

公私合营的常州"试水"

1953年秋，党在过渡时期的总路线、总任务公布后，市工商联会同民建市委组织

1954年，常州工商界人士集会游行，申请公私合营。

工商界代表人士座谈学习，深入领会社会主义改造的伟大意义和方针政策，协调解决经营中的一系列问题，逐步引导工商业者接受社会主义改造，申请公私合营。当时，多数私营工业已经纳入加工订货、统购包销的模式中，接受公私合营的条件日趋成熟。在此之前，全市已经通过接管、扶助、改造，将少数私营企业转变为国营、合作社经营、公私合营的性质。最早实行公私合营的企业有鼎泰面粉厂、自来水公司、武进电气厂、大光明火柴梗片厂4家。

作为常州工商企业代表的大成公司，在这样的历史大潮面前会作出怎样的选择呢？全市乃至省内的许多工商户都密切关注着大成公司的一举一动。1953年9月7日，毛泽东主席邀请各民主党派和工商业界代表谈话，刘国钧参加了谈话。在北京期间，李维汉、黄炎培再次邀请刘国钧见面，畅谈实行社会主义改造的问题。10月，刘国钧到北京参加全国工商联会员代表大会并进行大会发言，表示常州的大成公司要积极争取公私合营。一个月后的11月11日，他在《新华日报》上发表《工商业者必须接受社会主义改造》一文，畅谈自己参加全国工商联代表会议的感想和体会。

他在文中写到：深入学习国家过渡时期的总路线，"是一次极深刻的社会主义改造的教育"，贯彻执行国家过渡时期的总路线，是"私营工商业者所应走的道路"。

他客观分析了新中国成立以来民族工商业发生的翻天覆地的变化。他说："我们民族工商业者再也不害怕帝国主义的商品倾销了。"解放以来，"由于土地改革的完成，由于农业增产和互助合作的推行，农村的生产力和农民购买力不断提高了，国内的市场不断扩大了。更由于4年来，国家从各方面给予我们私营工商业以大力的扶助，从银行贷款、加工订货、统购包销、代购代销，以至公私合营，使得有利于国计民生的工商业，得到不同程度的发展"。他列举了常州私营纺织业发展的数据后指出，其他行业只要对于国计民生是有利的，其经营状况都有不同程度的好转。究其原因，一个最重要的原因是"只有在共产党和毛主席领导下的新中国，私营工商业才能发挥其有利于国计民生的积极作用，为国家的富强贡献出自己的一份力量"。

刘国钧回顾了自己实业救国、工业强国的心路历程，指出了资本主义工业化在中国是行不通的现实，分析了社会主义改造经济在现阶段的优越性，最后号召广大工商业者打消不必要的顾虑，"自觉地积极地"沿着社会主义改造的正确道路不断前进。"逐步实行社会主义改造，既然是摆在我们面前的一条光明大道"，我们就要坚定地走下去，"积极争取，使我的企业能够早日实行公私合营，在社会主义改造的道路上更迈进一步"。

下定决心后，刘国钧在常州召集大成公司所属3个工厂的全体在职股东和代理人共计18人召开会议。会上，刘国钧传达了北京、上海会议的精神，以及决心申请公私合营的打算。刘国钧公私合营的计划得到在座代表的一致同意。在这个会议上，大家研究决定立即申请公私合营，并在最短的时间内召开董事会。不久，大成公司的董事会议召开，顺利通过了申请公私合营的决议。

1954年1月，中共中央批准中央人民政府财经委员会《关于有步骤地将十人以上的资本主义工业基本上改造为公私合营的意见》。中共常州市委、市政府通过全面调查，分别制订了改造的规划。1954年6月1日，大成纺织印染公司所属的3个厂被批准实行公私合营，并签订协议书。同年8月，民丰、大明两家纱厂被批准为公私合营企业。9月，协源、同新两家布厂批准公私合营。这些企业公私合营后，均由政府委派的公方代表主持工作，职工热情高涨，生产经营管理都有明显进步，同时对资方人员均量才录用，并确立了"四马分肥"的利润分配原则。市工商联在第二次会员代表大会上，组织大成公司的私方代表介绍了合营后工厂生产的大好形势，谈心得体会，使代表们消除了不少疑虑，坚定了申请公私合营的信心。

1955年1月10日，市政府宣布成立国营常州机器厂，使该厂从资不抵债的困境中

▲ 1954年6月1日，常州大成纺织印染公司暨所属一、二、三厂成为全市首先批准实行公私合营企业，图为大成一厂举行公私合营庆祝大会。

摆脱出来。7月以后，同庆、元中、民华、恒源畅、群益、同丰、精诚、裕民、嘉声、协盛、志盛恒、民生、阜康、益丰昌、恒丰盛一、二厂和益联机器厂、溥利仁油厂等相继批准公私合营。截至1955年年底，全市已有公私合营工业企业近30户，当年产值占全市工业总产值的36.4%，加上地方国营、合作社营工业产值，共占总产值的58.4%，但是私营工业的工厂数还有462户，占总数90%以上，产值还占41.6%。而在商业方面，私营批发商基本上被国营和合作社营的批发业务所代替。上述情况表明，如果政府仍然采取一个一个企业的合营方法，显然已不适应形势的发展，不适应工商业者要求合营的迫切愿望。

常州已经迈出了第一步，接下来该走向何方呢？

公私合营的全面加速

过渡时期总路线公布以后，资本主义工商业的社会主义改造工作一直进展顺利。1955年3月，中共中央批转第二次全国扩展公私合营工业计划会议的报告，确定实行"统筹兼顾、合理安排"的方针，在扩展合营的方式上，采取"个别合营与按行业改造相结合"的办法。根据中央批示和会议的精神，1955年扩展公私合营工作取得新的进展。

1955年10月27日和29日，毛泽东主席先后邀请工商界代表人物、全国工商联执委会的委员，在中南海怀仁堂座谈私营工商业的社会主义改造问题。他在讲话中勉励大家认清社会发展趋势，主动掌握自己的命运，站在社会主义方面，有觉悟地逐渐转变到新制度中去。针对工商界人士对自己的前途和命运忧心忡忡的不安情绪，毛主席深入浅出地阐明了党对民族资产阶级的政策，重申国家对接受改造的工商界人士将给予政治上和工作上的安排，继续实行逐步赎买政策，这样大家就可以掌握自己的命运。他勉励说，将来资本家的阶级成分要变成工人，这是一个光明的政治地位、光明的前途。毛主席的讲话，一定程度上稳定了工商界人士的不安情绪，促使他们进一步接受社会主义改造。

刘国钧参加了29日的座谈。回到常州后，刘国钧在有200余人参加的全市工商界骨干学习班上，传达了全国工商联一届二次执委会会议精神，以及毛泽东等党和国家领导人的讲话精神，并作了《认清社会发展规律，掌握自己命运》的发言。随后，12月28日，他又在《常州工人报》上发表题为《逐步放弃剥削，坚决干到社会主义》的文章，他指出："全国人民正在热情高涨地实现第一个五年计划，我们的国家愈来愈可爱。就拿我们的企业来说，公私合营后增产节约获得了很大的成绩，私股在企业里有职有权，有利可得。这比资本主义惟利是图的私营企业，不知要好多少倍。我看到现在这样好，将来到了社会主义就更好。因此，走社会主义道路是非常明白的，是全国人民的意志，没有任何力量能够阻挡得住。"

1956年1月3日，刘国钧等23人赴南京出席江苏省工商联第一届执委会第二次（扩大）会议。期间，适逢毛主席在南京视察。1月5日下午，毛主席在省委大院接见省工商联全体执委和各民主党派负责人，常州市工商联副主委姚伯方等有幸得到毛主席接见，全体人员深受鼓舞。1月6日，市工商联召开宣传动员大会，1800余人参加，市委书记王余积作报告，阐述了国家对资本主义工商业实行社会主义改造的方针、政策，并对全行业公私合营、定息问题、专业公司等作了说明。10日和11日，工商联与市妇联召开工商界家属代表会议，市委副书记石坚作《资本主义工商业进行社会主义改造和工商界家属责任》的报告，勉励工商界家属以正确的态度对待改造，会议还通过了给全市工商界家属的一封信。

通过一系列的教育活动，工商业者及其家属，思想认识均有明显提高，消除了部分人存在的"社会主义关难过，不知是用斧头劈，还是用刨子刨"，"怕失掉地位、降低生活待遇"，"社会主义关是'文昭关'还是'武昭关'"等疑虑，态度也由迟疑观望转向积极主动。期间，有8名青年工商业者带头增资3.2万元、黄金20两、房屋13间。一部分先进工商业者不仅自己带头申请合营，还积极推动同业申请合营。

1月3日，31户私营棉布商，首先提出全行业公私合营的申请书，9日，染织、机器、食品、印刷4个行业工商界人士440余人敲锣打鼓列队到市人民委员会申请公私合营。10日、11日，手工染织、针织、麻纺织、化学油脂、羽革、百货、水产、茶叶等十多个行业和新药、文具、木材、煤炭等行业全体工商业者集体申请公私合营。1月13日，市委、市人委因势利导，首次批准37个行业（工业20个、商业17个）共1013户实行全行业公私合营，并颁发了批准书。当天，由职工、工商界人士及家属约4000人组成72个报喜队伍向批准合营的工厂、商店报喜祝贺，掀起了第一个高潮。

1月16日，又有43个行业申请公私合营，36个行业申请合作化。期间，传来北京市私营工商业全部合营的消息，全市群情振奋，公私合营的步伐明显加快。至18日，私营工商业、手工业全部向市人委提出公私合营和合作化的申请。市委、市人委学习北京经验，采取"先改编、后改组"的步骤，于1月19日批准55个行业、1879户实行公私合营，批准45个行业、4107户商贩实行合作化。至此，全市资本主义工商业、手工业已全部实行公私合营或合作化。

1月19日，各界民众3万余人举行盛大的集会游行。当天，常州全城锣鼓喧天，张灯结彩，热烈庆祝全市私营企业走上社会主义的康庄大道。

在常州体育场举行的庆祝全市社会主

1956年1月19日，常州市资本主义工商业全部实行公私合营，全市3万余人在人民体育场举行盛大集会。

义改造胜利大会上，作为企业代表的刘国钧也讲了话，还情不自禁地和常州市总工会主席热烈拥抱，接着工人、农民、工商界人士相互握手道贺，互递贺信和保证书。江苏省委副书记陈光、常州市委书记王余积、市人民委员会市长于春开和各人民团体负责人，在主席台相互道喜，并到人群中和工人、农民、工商界人士握手贺喜。会场上摇动着红旗，挥舞着鲜花，军乐声、鞭炮声、欢呼声响成一片。参会群众的游艺活动立刻表演起来，龙灯、狮子舞、罗汉舞在主席台前作了精彩表演，几条龙灯满场飞舞，高跷、荡湖船、轮车和飞马又各显身手，欢呼声此起彼伏，人们沉浸在狂欢之中。

当天晚上又有5000余人参加游园活动，欢庆社会主义改造的伟大胜利。20日晚，工商界2000余人举行提灯会，表达自己走上社会主义的激情。这期间，全市有145名工商业者把自己的积蓄、存款、房地产等作为资金投入企业，价值达48.88万元。

常州工商业者在新中国成立后不到7年的时间里，在党的正确领导下，初步实现了从身份到行动再到思想的深刻变革，大多数

1956 年，常州工商界家属举行游行，庆祝社会主义改造胜利完成。

民族资本家和私营工商业者真正从思想上认识到自己的命运、企业的命运，是与国家和民族的命运联系在一起的，只有把个人的前途和国家的社会主义前途结合起来，才可以实现个人的光明前途。常州解放乃至新中国成立以来的 7 年，党和政府的所作所为，让私营工商业者打心眼里支持和认同，这是一个了不起的成绩，更是一个重要的里程碑。

公私合营的深化

合营容易经营难。

当时担任国务院副总理的陈云说："他们要求得很厉害，天天敲锣打鼓，迎接公私合营，就只好倒个头，先承认公私合营，再来进行清产核资、生产安排、企业改组、人事安排。"这种情况在常州的实际工作中也存在，造成生产和经营上出现一定程度的混乱现象，产生一定程度的浪费，让一部分刚刚完成公私合营的工商业者忧心忡忡。

党中央、国务院实事求是，从全行业公私合营后应采取什么样的组织形式以适应生产发展和人民生活的需要角度出发，连续下发多个文件，要求各地处理好所有制变革与行业改组、企业改造等问题，在私营工商业改造后期起了重要指导作用。根据中央的指示，常州市集中一段时间认真进行清产核资、定息发放、资方人员安排以及生产安排等各项工作，并在深入调查研究的基础上逐步进行生产改组和企业改造，基本上克服了改造高潮中的混乱现象。

清产核资和互助金问题。清产核资工作涉及工商业者的个人利益，根据"公平合理，实事求是"的原则和"从宽处理，尽量了结"的方针，各专业公司采取由私方人员自点、自报、自填，职工监督，行业评议，公私合营委员会批准的程序。一般均按1950年重估财产数，未作大的变动。有的行业对机器设备、房屋，按账面记载和几年来的折旧变化进行了必要调整；债务、债权上的一些遗漏问题以及家店（厂）不分的财产，亦根据具体情况，经过反复协商作了适当处理；以往遗留下的"尾巴"，如漏盘、漏点和一些待处理的资产，也作了妥善处理；有些行业的私方在自报时存在"偏低偏高"的现象，在评议、审议过程中，也实事求是地予以调整。在清产核资中，全市工商界有65个资不抵债的倒挂户，政府主动减免了其"五反"退补款29万元及部分税款，职工放弃了在私营期间因企业困难所欠的工资。此外，行业间还开展了自愿投资和使用定息设立互助金活动，针对使用定息设立互助金的比例问题，部分工商户思想上产生了一些分歧，通过市工商联以及大成公司刘国钧等人耐心细致的解释工作，取得了绝大多数人的理解和支持。常州成为全国较早设立互助金的城市之一，

对帮助解决因公私合营而引起的部分经营者的生活困难，起了积极的作用。同时，按照政策规定，对在全行业公私合营高潮中私营工商业者的增资，全部作出了退还处理。对于私营工商业者最关注的定息问题，常州市遵照国务院规定执行，即不分工商企业大小，不论盈余或者亏损，一律按照年息5厘进行发放；绸布、百货、新药、国药等16个行业还按照"四马分肥"的原则补发了公私合营前的所有盈余。对于政府的这种人性化处理方式，绝大多数工商业者认为是公平合理的。

经济改组问题。在公私合营的高潮阶段，部分行业没有按步骤进行清产核资、生产安排，而是急于进行行业改组，把一些工厂、商店以至小手工作坊、个体的夫妻店统统合并起来，实行集中生产、统一经营、统一核算。结果，原来私营工商业有利于拾遗补缺、灵活经营等优点被改掉了，部分行业改组缺乏客观依据，许多不该合并的行业合并了，不该分开的却分开了，有些可以合并的又合并得过大。如雇用4个工人以上企业归属工业，雇用4个工人以下的归手工业，使某些长期形成的行业被人为割裂开。服装鞋帽业历来有前店后厂的传统，改组中将前面归商业，后面归手工业，这就打乱了企业原有的供销渠道、生产协作和赊销关系，造成供产销脱节现象，妨碍了正常的生产和经营。原来遍布城市居民区的商业、饮食、修理、服务业网点，因盲目合并而撤销过多，给人民

生活带来一些不便。

市委、市政府高度重视合营中出现的这些问题，市工商联提出，在经济改组过程中，要注意合理调整网点，增加经营品种，给人民群众更大的便利。因此，常州市为了加强对经济改组的领导，成立若干专业公司，实行归口管理。在工业方面，建立纺织染、棉织、针织、机械、梳篦、粮食加工、食品工业、建筑器材、轻工业9家公司。对基层的公私合营企业，则根据"以大带小、以先进带落后"的原则和"大部不动、小部调整、有利生产、便利人民"的方针，进行经济改组，先后将413户工厂，合并调整为220户，其中机械工业原有47户，迁并为8户（常机厂、益联、联业、中华、第一农具、第二农具、锻焊、鼎泰元），形成了新的生产能力。纺织工业原有113户，改组为45户、分工场16户。在商业方面，区别不同情况，有的实行公私合营（占总数的25.9%），有的实行经销代销（占20.4%），有的组织合作（占28.8%），有的独立经营（占24.9%）。对3850余户摊商，则由原百货、花纱布、文化用品、医药、食品、土产、粮食、油脂、专卖、木材、煤建、水产等12个公司设立零售管理处，加以领导管理，新建饮食、蔬菜、福利和戚墅堰区综合4家公司。合理调整网点，部分商店扩充店面，增加经营品种，便利群众生活。

全行业公私合营后，对工商业者的任职与使用，国家采取"量才使用，适当照顾"的方针，对工商界部分代表人士和具有领导能力的人员任命担任国家机关或专业公司、工厂、商店的领导职务。例如刘国钧就在1956年8月被任命为江苏省副省长。还有基层单位正、副厂长或正、副经理234人，科、股长192人，门市部正副主任306人。对有一定专长、一定技能的私方人员也都分别任用，对年老体弱或丧失劳动能力的，采取挂名领薪的办法给予照顾，对原来参加企业辅助劳动的私方人员家属，则作为从业人员留用，对没有明确职务的私方实职人员，也都保留原职、原薪，各司其事。在实际工作中也出现了一些问题，如公方代表认为，私方碍手碍脚，工作中处处小心防范；私方认为，有公方作主，自己是摆设，处处缩手缩脚；有的公方代表不尊重私方，让其坐冷板凳；有的私方左右为难，多做少做都不妥，"资本家"的帽子戴在头上，理不直，气不壮，要求"定息七年一次拿，早摘帽子好说话"。

市工商联为协调公私共事关系，通过调查研究，抓住典型事例，推广公私共事的经验。协助大成一厂制订共事细则，对集体领导、分工负责、阅看文件、参加会议等程序都作了明确规定，使公私双方在履行职责、行使职权等方面有所依据。市工商联和市民建，对公私共事关系十分重视，多次召开会议汇报情况、分析研究，积极听取私方人员的意见和建议，鼓励他们大胆工作，守职尽责。

我是一名光荣的社会主义劳动者

对资本主义工商业进行社会主义改造的胜利完成，有力推动了常州经济的发展。1956 年，常州市工业总产值达到 3.18 亿元，比上年增长 33.6%，劳动生产率提高 26.88%，产品总成本降低 0.75%，利润完成计划的 108.82%。推出印花灯芯绒、红星格、双缸柴油机、花生收获机、切草机等 124 种工业新产品。全市商业已经形成统一的社会主义供应市场，呈现出活跃繁荣的景象。全市商品零售额达 6732 万元，比上年增长 12.53%。通过调整商业网点，稳步开放贸易市场，积极组织货源等措施，各类商品供应量比 1955 年均有较大幅度的增加。

更为重要的是，在对资本主义工商业进行社会主义改造的全过程中，由于市委加强领导，市总工会、妇联、团市委、工商联等有关群众团体密切配合，始终采取了民主的、说服教育的方法，坚持又团结又斗争的策略，高度重视工商业者的思想转化工作。全市工商业者 2000 余人次参加了各种政治、

业务学习，732 人次参加了短期离职学习。他们在党和政府的教育下，普遍提高了思想觉悟，认同和拥护共产党的领导，愿意放弃资本主义剥削，并以实际行动在各自岗位上为国家贡献自己的业务经验和技术专长。据统计，1956 年，全市有 60% 的工商业者参加了企业组织的劳动竞赛，许多人发挥了主动性和创造性，试制新产品 43 种，进行技术改进 28 件，改善经营管理 53 项，提出合理化建议 113 条，为发展生产、提高经济效益作出了重要贡献。

1956 年 2 月，代表中国民主建国会常州分会出席常州市政协一届一次会议的刘国钧发言，他说："常州市'私营工商业'的名称，将要成为历史上的名称了，这就使常州市起着很大的变化。我们工商业者，要改造我们的思想，最终目标是要成为自食其力的劳动者，我们要和最广大的人民群众团结起来，在学习、工作中发挥带头作用。大家知道，团结就是不可战胜的力量，这个力量在常州社会主义建设上，也是无穷无尽的泉源。"

不忘初心

以心明志，为天下公：
常州民企党建书写时代华章

在改革开放 40 年的长河中，常州涌现出这样一批组织，虽然不是"国字号"，却始终把家国放在心上。为天地立心，为生民立命。他们是这座城市发展的活力细胞，既成就了非公经济的"常州现象"，更让常州成为了全国文明城市的榜样。

2018 年，常州非公经济交出了一张漂亮的成绩单：第五届中国工业大奖发布，常州成为全国唯一一个同时

实现全国文明城市"三连冠"，溧阳经过两年的奋力拼搏，成为新晋的全国文明城市，常州成为全国首批全域文明城市，树立了全国文明城市建设的"常州高度"。

高举旗帜，引领前行

他们从奋斗的年代走来，带着红色岁月的印记，再次义无反顾地奔向

2018 年，常州召开全市民营经济高质量发展大会。

有三家企业斩获殊荣的地级市；在中国"民营企业 500 强""民营企业制造业 500 强""民营企业服务业百强"名单中，常州共有 24 家企业上榜。2017 年，第五届全国文明城市名单正式发布，常州凭借优异成绩再次获评，

更壮阔的未来。改革开放至今，他们摸着石头过河，带领常州民营企业闯出了一片天，捧着一颗赤子之心，在打拼事业的同时，仍不忘践行红色精神。他们就像一面面"精神旗帜"，引领着企业向党靠近、向上生长。

　　在戈亚琴的身上，有着女性企业家最吸引人的品质——亲和、智慧、坚韧。白驹过隙，无惧岁月。也许，在戈亚琴的眼角多了几道藏着故事的皱纹，但她的双眸一如 17 年前一样明亮清澈，充满希望。"全国劳动模范""全国三八红旗手""中国优秀女企业家""江苏省优秀党务工作者""江苏省最美巾帼人物""常州市道德模范"……岁月让她收获了令人惊叹的荣誉，大风大浪却积淀下了她的沉稳淡然。"首先，我是一名党员，其次，我才是一名企业家。"一直以来，中共党员是她最为珍视的身份。

　　2002 年，常州轨道车辆牵引传动工程技术研究中心"破土而出"，这也是新誉集团的前身。刚起步时，戈亚琴团队仅有 56 人，面对来自同行、客户的质疑，她没有怕过。敢闯、敢拼、敢干，在戈亚琴的带领下，新誉集团在轨道交通领域崭露头角。一年后，新誉集团一举突破被轨道交通领域视为科技含量最高的技术——牵引传动系统，终于打破了国内该类产品完全依靠进口的格局。从国内走向国外，新誉集团先后承揽了国内 20 多个城市的地铁业务。紧跟"一带一路"倡议，新誉集团的足迹延伸到伊朗、沙特、泰国、俄罗斯等海外地区。

"没有技术创新，我们新誉也不可能发展到今天，更不可能有我今天的荣誉。"这是戈亚琴始终挂在嘴边的话。瞄准数控设备、办公用品、新能源、航空航天等产业，战略化发展，多元化产业，新誉集团每年投入科技研发费都超过1亿元。与此同时，集团也在迅速成长，员工人数增加了70倍，总资产从1亿元增长到103亿元，上缴税收从200万元增长到8亿元。世界500强、有着100多年历史的全球最大的轨道交通运输装备制造商——加拿大庞巴迪运输公司更是抛出"橄榄枝"，在2015年与新誉集团合资建立第二个公司，承担中国铁道交通运输建设中的信号系统项目。

戈亚琴有开拓市场的魄力，更有管理团队的智慧。"围绕企业高质量发展，党建工作做实了就是生产力，做强了就是竞争力，做细了就是凝聚力。"作为新誉集团的党委书记，她明白，企业要想走得远、走得稳，一定要有"精神核心"。戈亚琴找到了！秉持着"党建为魂、服务为本"的理念，新誉集团创新借鉴现代企业管理理念，提升党建工作规范化水平，率先将ISO9001质量管理标准引入党建工作，制定《新誉集团党建工作标准》，实现了党建工作流程规范化、内容系统化、活动经常化、管理标准化。让党建制度与企业制度"合拍"，才能取得"1+1>2"的效果。积极打造学习型、服务型、创新型和勤廉型"四型"党组织，以高标准

的党建管理增强企业核心竞争力，确保党建管理与企业管理"同步"，以党建工作的"软实力"催生企业发展的"硬实力"。

以党建为中心，戈亚琴紧紧将集团人才凝聚在一起。在她的领导下，集团创造性地将党建工作与企业生产经营、员工队伍建设和践行社会责任紧密结合起来，"党员争先、党建领先、发展率先"为新誉集团输送着一批又一批党员骨干力量。站在下一个风口之上，新誉集团有足够的底气去搏击风浪。

在常州，既有新誉这样的制造企业撑起了民族脊梁，也有四药这样的医药企业代表着民族良心。37载春秋，常州四药从一家普通的弄堂小厂成长为国家高新技术企业。几经风雨，用心制好药是常州四药从未改变的初心。不计其功，不谋其利；不论贫富，药施一例。制药者，如行医者，一心制良药，大医怀精诚。常州四药制药有限公司董事长、党委书记屠永锐说："药是用来治病救人的，如果质量不好，甚至出现假冒伪劣，坑害病人就是犯罪！"每一位四药人都牢记着屠永锐的这番话。进厂之前，所有员工都要签订"质量承诺卡"，在这张精美的卡片上有一行醒目的大字：药品治病救人，永远心存敬畏。

双向进入，交叉任职，屠永锐探索实现党建工作与企业发展相互促进、相互融合。结合企业实际，进一步深化拓展"两学一做"的内容，把党的指示精神真正落到实处，干到实处。"两学"，即公司党委组织全体干

部职工统一学习、深入贯彻落实习近平新时代中国特色社会主义思想和党的十九大精神，学习新的政策规定、新的法律法规和新的生产技术、研发专利。在互联网时代的今天，他号召全体干部职工要"学网、用网，更要懂网"。"一做"，即坚持创新发展、创造价值，做有社会责任感的制药企业。他始终秉持学以致用、学做结合，"学"只是基础，"做"才是关键，只有"持之以恒"，才能"久久为功"。

在常州四药每一粒药的背后，党建的力量敦促着每位四药人严守品质。作为公司的"掌舵者"、职工的"领路人"，屠永锐同志带头创新，参加完成国家"八五"攻关项目2项，参加完成国家"九五"攻关项目1项，主导完成了3项自主发明专利；他组织成立多个党员骨干研发团队，致力于公司工程创新、技术创新和管理创新；他大力引进高科技人才，实施四药"牧羊人计划"，培育中、青、新三结合人才梯队；他坚持"科学技术是第一生产力"，建立新药研发体系，培育四药核心竞争力。截至2017年，共获专利证书70个，生产批件近百张。屠永锐再次喊出"药品治病救人，永远心存敬畏"的响亮口号，确定了"用心制好药"的企业核心价值观。屠

▼ 常州四药制药有限公司成长为国家高新技术企业。

永锐亲手搭起"季度论坛"的平台，落实质量为先，诚信、勇于担当社会责任的企业文化在四药一直延续。

每每想起屠永锐对四药人的谆谆嘱咐，每名员工都恪守着绝无差错的态度。常州四药不仅在国内市场占据高地，更是成功领军国际市场。目前，四药已拥有奥克、兰索、缬克、兰苏、安列克共5支江苏省名牌产品，并与国际接轨，获得美国药监局、欧盟CEP、日本厚生省认定证书。公司已有3支药品通过美国FDA五次现场检查，抗抑郁胶囊成品药获批进入美国高端市场，有10种药品远销十多个国家和地区……

看得见的药效，负担得起的价格，百姓的信赖是对常州四药最大的认可，帮助患者减缓病痛是常州四药继续前行的动力。一心制良药，是常州四药的使命；大医怀精诚，是常州四药的风骨。立足国内，远瞻海外，常州四药必将成为中国制药业前行道路上的一座灯塔。

同心向党，各显神通

国之崛起，工业先行。钢铁，国之重器，工业脊梁。中天钢铁从年产不足6万吨、产销不足10亿元，到崛起为年产钢1200万吨，年营业收入突破1200亿元，员工1.3万余名的国家级特大型钢铁联合企业集团，正是靠敢叫日月换新天的壮志和奋斗创造奇迹。

党组织规范化建设是中天钢铁党建的底色。一座炼钢熔炉，如果长期不生火，或者生了火没有达到足够的温度，就锻造不出好钢来。中天钢铁把生产一线作为锤炼党性、淬化思想的大熔炉，锻造一支钢铁般的党员、干部队伍。党委、纪委、团委、工会及工会的各专业委员会、关工委、人武部等组织全面配齐，树立"党的一切工作到支部"鲜明导向，每个生产厂都配备一名专职副书记，通过公推公选走上岗位。分工会、团支部纷纷设立，企业党员已近千名，团员超6000人，工会入会率超过90%。

"151"工作法即一个目标、五个平台、一个模式，这是中天钢铁大党建格局的纲要。"打造服务型党建，助推企业转型升级"是中天钢铁党建工作的目标，在这一目标引领下，精神引领平台、价值创造平台、权益维护平台、幸福提升平台和活力运行平台五大平台交相辉映。2010年起，"道德讲堂"便在中天钢铁集团开讲，引导员工唱好歌曲、诵读经典、讲好故事、作好点评，党委长年开展"三会一课"，学习贯彻党和国家的方针政策，让习近平新时代中国特色社会主义思想和党的十九大精神深入人心；积极开展"两学一做"、党的群众路线教育实践活动，汇聚正能量；纪委定期开展多种形式的理论宣讲和思想教育活动，营造风清气正的营商环境。让文化自信入脑入心，《中天九条》是中天钢铁企业文化的核心，以九条为纲领，理念深入人心，条条深得人心。

触摸党建脉搏，感受党建温度。集团党

2016 年，中天钢铁召开第三次党员代表大会。

委持续推进以"五化"（职代会标准化、集体合同规范化、企务公开程序化、安全监管常态化、民主管理制度化）为核心的权益维护平台建设，打造以"五通道"（热点问题反馈落实通道、真情"四送"温暖通道、精准与普惠并举的帮困通道、免费体检的健康通道、心理辅导的疏通通道）为核心的幸福提升平台建设。

"细胞"生机蓬勃，党组织的肌体才能有旺盛活力。抓基层，打基础，打造以积分绩效为抓手的党群一体化模式，以多姿多彩的文化活动、别具特色的自组织协会、融合创新的媒体平台为"三大抓手"，塑造"四有"（有理想、有道德、有文化、有纪律）职工队伍。各类文体活动丰富多彩，文艺协会、足球协会、篮球协会、劳模协会和科技协会等自组织融入员工生活，运动会、达人秀、歌唱比赛、舞蹈大赛"秀"出精彩，营造丰富多彩的精神家园。

党建强，发展强。解读中天钢铁发展背后的精神密码，打造"坚固如钢铁"的大党建格局是中天钢铁发展的灵魂。把党的建设与经营发展工作一起谋划部署、一起落实考核，始终与企业生产经营合心、合力、合拍，以党建带工建，以党建促团建，推动企业高质量发展。

从传统工业到高精尖产业，常州工业正在经历蝶变。企业，既是改变的见证者，也是发展的助推者。20年来，从小到大，由弱变强，从1.0时代到3.0时代，天合光能逐渐从众多竞争者中脱颖而出。走过波澜壮阔、跌宕起伏的20年，有人会问，天合光能的"定海神针"在哪里？答案也许就藏在这里……

"三合·三型"特色党建工作引领天合光能的"阳光发展"。天合集团党委始终高度重视党建工作，坚持"发挥党员先锋模范作用，促进天合和谐稳定发展"的宗旨，以开展"两学一做"学习教育、创先争优系列活动为抓手，逐步形成"三合·三型"特色党建工作法，通过"契合企业目标和员工追求、凝合企业人心和企业人才、整合企业资源和团队力量"，进一步强化"学习型、服务型、创新型"党组织建设，不断细化推进举措，创新工作载体，积极服务社会经济发展大局，使党建优势转化为企业发展优势，有效促进企业健康、持续发展。

彩虹家园，让党支部"耀"起来。一支部以"绿色·环保"为特色，积极开展绿植DIY、光盘行动等特色活动；二支部和六支部以"青色·青蓝"为特色，通过开展"百工计划""雷锋志愿岗"活动，年内培养了10名工程师、8名高级工程师，成功实现人员技术帮带、生产降本增效；四支部以"黄色·暖心"为特色开展了"夏日送清凉到一线车间""慰问探访儿童福利院""爱心助

学·点燃梦想"等活动，大力弘扬"奉献、友爱、互助、进步"的志愿服务精神；八支部明确"蓝色·卓越"的特色，通过开展"书式生活"、读书会等特色活动，宣传核心价值观，大力弘扬天合企业文化。

从土生土长的民营企业到外来落户的外资企业，每个企业都能找寻到"适应自身，服务发展"的党建法则。坐落于宁杭生态经济带最美副中心城市，布勒（常州）机械有限公司是由瑞士布勒全资控股的外资公司。2017年，布勒原来在德国、西班牙、瑞士等地制造的一部分产品也慢慢转移到溧阳来生产，整个布勒机械从原来的"欧美制造"逐步向"溧阳制造"转移。同时，布勒亚太区生产与研发中心、布勒亚州饲料技术学院相继在溧阳天目湖园区内成立。在这样一座带着"北欧风"的外资企业中，也加入了不一样的红色力量。

2006年，布勒（常州）机械有限公司党支部成立，现有党员58名，其中本科及以上学历占90%，研究生学历的党员占18%，党员在公司中层以上干部中占比20%，工艺技术人员及科研研发人员占比40%。一心一意搞建设，凝心聚力谋发展，布勒党支部牢记党的根本宗旨，坚持加强党建引领作用。

这是一次文化与文化之间的对话，这是一个不同文化共同繁荣的样本。布勒机械扎根本土，在立足企业原生文化的基础上，加强党建文化建设，构建起了长效的党群联系

互动机制。党建文化是党的建设的重要组成部分，围绕布勒机械的八大价值观，传承文化内涵，增强战斗力。党支部专门设置了党建活动室，设立党员活动专区、文体娱乐中心、健身房，专门设置文化沙龙、开放式阅览室等。通过党员固定学习日，开设学习专栏，加强党员及员工的交流及学习。利用党员微信群等形式，让党员教育渗透到日常生活中。

对于任何一个企业来说，创新是永远的第一驱动力。与常州推崇的"工匠精神"不谋而合，布勒机械党支部始终坚持"匠心育人、匠心比拼、匠心传承、匠心筑梦"的企业文化，引领党员队伍的建设。人才培养确立党员优先的原则，一方面坚持走出去，接受外部培训，另一方面请相关专家老师来公司进行指导上课。提升党员干部自身素质，"打铁必须自身硬"，促进党员在企业发展中做好带头者、谋划者、奉献者、管理者和服务者。

千红制药的党建工作经历了众多变革与改进，始终如一，坚持研发创新、仁德用人的大局观。在坚守着"创新"与"信仰"的国度里，用一份"温度"，润物于无声处，实现声震九霄。

千红制药党委书记、董事长王耀方曾豪

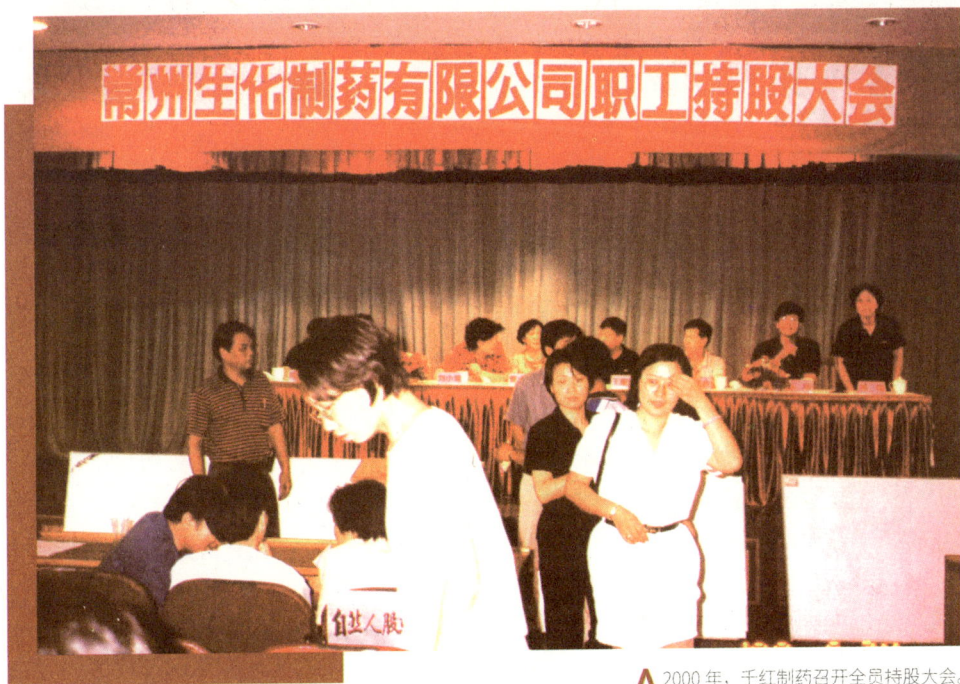

∧ 2000年，千红制药召开全员持股大会。

▲ 2016 年全体党员赴浙东抗日根据地党性教育活动。

气万丈地说："我们有多个一类新药在研。"所谓的一类新药，是彻彻底底的新药，新结构、新创造、新疗效。用千红党委副书记蒋文群的话来说，是创新最强、难度最高、价值最大的一类药物。就我国而言，历来以仿制为主，这些国外药物专利过期的"舶来品"衍生药，只能算是三类药物。就全球而言，研究一个一类新药，耗时可达数年之久，耗资可达 8~10 亿美元不等。

习近平总书记在北京大学考察时强调："重大科技创新成果是国之重器、国之利器，必须牢牢掌握在自己手上，必须依靠自力更生、自主创新。"千红正是秉持了"创新"的理念，延续至今，无论何时，丝毫不动摇。最初，也是最困的时候，千红的"掌舵人"王耀方书记凭着这份执着，坚持了下来。

遥想当初，王书记还是千红中日合资企业的总经理，经引荐，有幸作为江苏省的代表，被选派到日本做技术交流。在交流会上，因为"肝素钠"项目是否上线，中日双方产生了分歧。如"两小儿辩日"一般，双方带着些许"稚气"，揣着一丝"赌气"，念着"历史怨气",虽不至面红耳赤,却也互不相让。作为中方项目负责人的王耀方,不受当时创新理念差距的限制,顶着压力,毅然投了赞成票,也就是这样,这个项目未至流产,保留至今。也恰恰就是这个项目,30多年以来,依旧"傲然雄风",占据着整个上市公司业绩的半壁江山,更不用提"肝素钠"的原料药、制剂等下游衍生产品所带来的效益了。

江山易打不易守,李存勖的三箭后唐,并不是千红的"创新"之路。2011年上市后的千红制药,一度获得12.8亿元募投项目资金,他们并没有投资于短期见成效的项目,而是在党建工作的精准指导下,一如既往地执着于初心——创新。千红人都知道,科技研发过程中,掌握技术才是企业的命脉。于是,千红于2011年与2015年先后引进海外高层次人才成立合资研究院,建成以生物医药大分子、小分子化药为中心的创新药物研发平台,并且力邀两位世界级科学家技术入股,坐镇大、小分子中心。就在那写着"R&D Center"的三层18000平米的大楼里,载着千红的未来,他们将不断前行,风雨无阻。

在常州,民企党建始终以天下为己任,怀着一颗赤子之心,在推动自身发展的同时,不离本真,不忘初心,与时代同频共振,在实现中华民族伟大复兴的中国梦的道路上,贡献着不可或缺的力量。

∧ 90 岁高龄的刘国钧。

雄才多伟志，丹心系家国

——民族工业巨子刘国钧

从草根到工商巨子，从白手起家到纺织大王，以刘国钧为代表的近现代早期实业家，以眼界逢山开路，以韬略遇水搭桥，做实了常州实业的根基和影响力。

天下之本在国，国之本在家，家之本在身。尽管少时家贫，尽尝艰辛，但出身于读书人家的刘国钧从来没有忘却肩头的民族大义。银行家陈光甫曾对人说，他生平最佩服的实业家有四位，刘国钧是其中之一。

从旧中国半封建半殖民地和帝国主义经济掠夺的缝隙中白手起家、用心经营、艰苦创业，到成为中国民族工商业界有名望的一代巨子、纺织大王，刘国钧用一生书写了气吞江河的"家国"二字。

天道酬勤：千淘万漉，历火真金

1887年4月2日，刘国钧出生于靖江县生祠堂镇。曾祖刘功良开设小药铺兼行医，祖父刘品荣在生祠堂镇经营土布庄，父亲刘葫堂是秀才，做塾师糊口，身罹重疾。

"日食三餐元麦糊，夜卧一张竹编床"，便是刘国钧童年生活的真实写照。10岁起，他提起竹篮，走街串巷，贩卖水果、酒酿。11岁，他曾进入私塾，终因家境贫寒，只读了8个月便辍学，继续提篮小卖的生涯。后来，他还曾到道观打杂，到糟坊作苦工。15岁开始，刘国钧由靖江跨过长江到奔牛镇创业，仅用13年时间就由贫困潦倒的乡童成为当地首富，年仅28岁。

1901年，15岁的刘国钧借了10元银洋，随同邻居柳秀方到常州武进县埠头镇（今煌里镇），闯荡江南。一落脚，他便夜以继日地忙了起来：贩卖麻糕，帮当铺撑船，为油坊喂牛，帮染坊硒布，空时自己摆水果摊，历经3个月，刘国钧便挣到6元钱的银洋。此后，他又随柳来到奔牛镇，来到了刘吉升布店。

刘国钧身形瘦小，但机灵勤快，他总是主动帮刘吉升和老板娘劈柴烧火、担水打杂，傍晚还帮忙店铺打烊，收遮阳篷，打扫铺子。这一切被刘老板夫妇看在眼里，他们执意将刘国钧留下做了学徒。从此，刘国钧便在江南扎下根来。

然而，时有不测。一年左右，刘吉升夫妇因投机生意而破产，无奈之下，他们只得将钟爱的小学徒推荐给了元泰京货店。刘国钧依旧只是埋头苦干，心无旁骛，直到主持元泰店务，后应聘为同镇源昌布庄经理。实际上，在元泰时他已暗蓄创业之心，开始注意积累资金。

在元泰京货店期间，刘国钧经常往来常州、上海等地办货，结识了不少批发商，尤其常州西瀛里几十家专营土布、洋布的老板们。客户资源稳定下来，自己的积蓄也累积得差不多了，刘国钧横下决心：自己创业。

1909年，刘国钧拿出积攒的600元银洋，在奔牛镇与人合伙开办了和丰京货号，并附设土染布匹。因为他已有七八年从商的经验，熟悉行情，又肯刻苦钻研，和丰号货品繁多，花色齐全，适销对路，生意越做越大。镇上七家京货店中，和丰号的营业额居然占到一半以上，刘国钧一跃成为奔牛首富。

1911年，辛亥革命爆发。时局纷乱，

奔牛镇上很多家底殷实的店铺踌躇不已，先后因此歇业，京货店关了5家。刘国钧考虑再三，先窖藏500银元留作后路，和丰号仍坚持营业。由于其他店铺均已闭门，他的生意自然是越做越旺，年余竟获净利5000银元。不久，刘国钧盘下同丰京货店，扩大了经营范围，又积累资金上万元。这笔资金，成为他日后在中国纺织界大展宏图的资本基础。

与此同时，在经营京货店暨土染坊期间，刘国钧已经开始研究进口洋布，他屡屡感叹"肥水外流"，他发觉外商采购中国棉花，利用中国劳动力，再反销中国赚取丰厚

利润，无非是凭借他们工业技术先进。"商为分利，工为创利"，刘国钧振兴工业的决心暗暗生发。

实业报国：师夷长技，厚德为商

回忆起祖父刘国钧，长孙刘学进的眼前每每浮现出祖父给他讲书画知识的温馨画面。"刘国钧的核心精神概括来说就是四个字——实业报国。"他说。

1915年，刘国钧以常州为起点，沿运河布局商业版图，从分别用15年和8年的时间在常州以及汉口、上海、重庆乃至港台、

▲ 抗战期间，刘国钧（前中）和长子刘汉堃（前左一）、女婿查济民（后中）及同仁合影。

东南亚等地建立了大成企业王国,而这位中国近现代的纺织巨子面对时代所作出的每一次选择,皆为家国。

同年,刘国钧以30000银元的价格将奔牛镇的和丰、同丰两店盘出,投资10000元,与蒋盘发、刘宝森等人合资建立了拥有100台铁木机的大纶机器织布厂,刘国钧负责生产,蒋盘发任经理。

当时的市场上,国内外纺织品竞争激烈,大纶布厂与英商怡和纱厂两家的产品相比而言,差距甚大,外商的产品质量好,价格低,而大纶布厂的产品疵点多,布面粗糙。这让刘国钧陷入苦闷,中国人要做强自己的工业,首先在质量上要迎头赶上,必须提高自身的技术。

他决定以身犯险,亲自到上海英商怡和纱厂"师夷长技"。以参观考察之名,刘国钧结交了怡和纱厂的一位工友,他穿上怡和厂的"号衣"(即工作服)混入车间,实地了解浆纱的操作方法,觅求浆纱配方。刚去了两天,便不慎被英国领班发觉了,他虽在工友们帮助下翻墙逃出,却连累这位工友被英商打成重伤。刘国钧主动承担了他的全部医药费和工薪,并帮助安顿家人。他此番仁义厚道之举打动了华籍员工们的爱国之心,救亡之道,匹夫有责。一个月后,两位怡和的技术人员专程从上海来到大纶,利用休假时间帮助解决浆纱关键问题。最终,怡和的挑盘技术帮助刘国钧克服了织斜纹布的技术难关。刘国钧又到上海友新纱厂

学习浆纱技术,反复试验,突破浆纱难关,带来大纶产销两旺。短短两三年,大纶布厂便盈利万余元。

尽管刘国钧后来不得已从大纶厂退出,但他依旧对友人说:"我在大纶布厂学到一套办布厂的本领,本金如数收回,学费一文未花,是我生平最便宜的交易。"

君子以厚德载物,厚德之人,必成大器。

1918年春,刘国钧独资创办广益布厂,请母亲出来管摇纱,妻子管布机兼炊事,一家人胼手胝足,勤俭经营。广益厂尽管规模偏小(共有80台木机),但适逢第一次世界大战结束,洋货进口锐减,民族工业得以喘息发展,开工不到一年就盈利3000余元,以后也年年获利。到1922年,广益布厂又添置了木机180台、铁木机36台,以及浆纱、锅炉、柴油发电机等设备,并扩建了广益二厂,成为当时常州最大的织布企业。

1924年,刘国钧携友人东渡日本,考察纺织业务和经营管理。了解到日商生产成本较低的关键在于科学管理和精简工序,回国后即致力于经营管理、技术设备方面的改革,并在中国率先使用盘头纱。

1927年,刘国钧将广益布厂和广益二厂合并,淘汰了木机和铁木机,改用丰田式电动机,增加整染设备。同时,为适应市场需要,增加花色品种,生产蓝布、元布、漂布、绒布、皱皮布、贡呢和哔叽等。

1930年,广益布厂仅流动资金已达20余万元。机缘凑巧,刘国钧当年撤出的大纶

久记纺织厂几经转手，尽管其间也一度兴旺，但终因经营不善而难以为继。刘国钧当机立断，与沪、常友人集资合股，接盘了大纶久记纺织厂，改名为大成纺织染股份有限公司，并在上海设办事处。1933年，刘国钧将独资创办的广益布厂并入大成纺织印染股份有限公司，定名为大成二厂。从此，刘国钧专心致力于大成企业的经营发展。

1937年前，社会学家吴景超到无锡、上海、常州等地参观了30多个企业，和许多企业家就中国的工业化问题做了多次讨论后，写了一篇长文《中国工业化问题的检讨》，文中对一家企业赞不绝口，这就是常州的大成纺织染公司。

大成之道：与时俱进，敢为人先

▲ 1946年，刘国钧和张一飞在大成一厂工地。

大成在创办之初也是艰难的。名义上集股50万元，其实只勉强筹集了40万元，刘国钧个人占半数以上。流动资金匮乏，光检修和增添设备就耗费巨大，有些董事有意见，但刘国钧非常有信心。在一次董事会上，他的声音铿锵有力："各位如果对公司前途担心，可将股款改作存款，国钧有信心于一年到两年之后还本。"

方一上任，刘国钧便鼎新革故，抓了三件大事：一是废除工头制，改革人事制度，凡员工进厂，全需由人事部门登记、考核，择优录用。二是精心检修机械，添置附属设备。由日商承包，在厂内开深井，在细纱车间安装空调设备，控制车间温湿度，这在当时国内的纱厂是极为少见的。三个月下来，仅仅机修费用便高达20余万元，但这使产品质量有了根本保证。三是剔除积弊，降低成本，同时努力挖掘潜力，减少每件纱的用工量，各道工序值车改为计件工资制，做到多劳多得。

大成每月举行三次管理会议，就前十天的工作进行总结，安排后十天的工作。刘国钧提出有名的三个"一点点"口号："货色要比别人好一点点，成本要比别人轻一点点，价钱要比别人高一点点。"他将这个口号烧成蓝底白字的搪瓷标牌，悬挂在车间、走廊、餐厅、写字间等处，三个"一点点"成为大成人做事的风向标。

刘国钧坚信，要力求企业的不断发展，首先要致力于印染工艺的提高。为此，他不惜重金，为工厂添置染色整理设备及纱锭。另外，他看到丝绒和灯芯绒市场需求量很大，却被外商尤其是日商独揽中国市场，决心奋起直追，将垄断在外国人手里的丝绒和灯芯绒市场夺回来。

刘国钧三次东渡日本，深入访问考察，他步入日本的街巷里弄，甚至到农村加工厂，专门研究小工厂、小作坊，收获颇丰。同时，他重金聘请日本割绒工人来华传授割绒和磨刀技术。两三年间，大成便开创了我国民族工业中最早生产丝绒、灯芯绒的先例。

如此，大成公司的印染能力很快居全国之首，大成公司拥有的纱锭占当时全国华商纱厂纱锭2%左右，织机占7%左右。虽然中国棉纺织业在1931年下半年开始陷入逆境，1932年后陷入危机，但是大成公司以超常速度发展，在当时的中国纺织界一枝独秀。

除了不断改进技术、狠抓质量，刘国钧对人才和管理也毫不放松，这种意识在当时是极为超前的。

刘国钧把人才分为三等：懂经营管理，又懂技术，是一等人才；懂经营管理，不懂技术，是二等人才；懂技术，不懂经营管理，是三等人才。同时，在用人方面，刘国钧坚持知人善任的原则，他认为"全才难得，人才各有长短，要用其长，避其短。牛拉的重，用在田里；马跑得快，用在车上"。

大成对人才规划的重视是在大成二厂建立，大成公司成为纺织染印的全能厂以后提

上日程的。当时，2000多人的大成厂没有一个工程师，只有一位来自日本纱厂的老师傅。因此，刘国钧格外重视人才的训练和引入。为解决技术问题，刘国钧每年花5000元（刘国钧本人的工资只有月薪240元）的代价聘请毕业于日本东京高等专科学校纺织系的陆绍云担任常州大成纱厂厂长兼总工程师。这和他"宁可以一百块月薪用一个能人，不愿以二十五块用四个庸人"的用人原则是相符的，陆绍云的引入解决了技术难题，产品质量迅速提高。

显然，对员工知识和技能的培训与提高是大成优于其他大部分棉纺织企业的地方。刘国钧对管理人员和普通工人的培训是不遗余力的，"对于职工的教育训练向极重视，极力推行"。他认为中国人的教育应是终身教育，提倡"工厂学校化"，要养成职工的研究风气，必须首先从职员做起。练习生的课程，如机械学、纺织学等，各职员也要有所了解，可以参加听讲。而对于高级管理人才的培养，刘国钧建议教育部在纱厂中心和邻近地区的大学中设立纺织系，或者由各纱厂捐款及政府拨款设立纺织专门学校，由纱厂选择学有所长的学校毕业生进厂实习并加以训练，实习后可派往国外做高深研究，这是大成造就经理、厂长等高级管理人员的一个重要方法。南通纺院毕业的缪甲三和陈钧在大成实习后，由大成送到国外深造，陈钧到英国专攻印染，缪甲三到美国专攻纺织，学成归国后，分别被任命为大成二厂和三厂

的厂长。刘国钧的三子刘汉栋也到美国学习纺织技术，学成后回国继承父业。查济民担任染部主任时年仅20岁，为了使他成为印染专家，1936年送他到日本京都染织厂实习一年，回国后改进了染织技术，使征东牌商标畅销全国。

从1930年到1937年，大成公司的生产经营极为顺利，由一个厂扩展为四个厂，当时登记资金为400万元，纱锭8万枚，为初创时的8倍。马寅初曾感慨地说："像大成这样的企业，8年增长8倍的速度，在民族工业中，实是一个罕见的奇迹。"

纵观常州历史，旧中国留给常州的基本上是"一穷二白"，而大成企业在很大程度上奠定了常州工业基础。20世纪30年代，在大成就业的人员占当时工矿企业就业人员的五分之三，这种优势一直延伸至新中国成立后的20世纪50年代、60年代。大成企业作为常州的"母亲"工业，领跑了中国现代纺织业，创造了民族纺织精品，造就了一大批经济界、政界的杰出人物。

复兴基业：不惧世劫，东山再起

1937年夏，芦沟桥事变爆发后，日本侵略者的魔爪也伸向了华东地区。而这时，大成的瑞士订货陆续刚运抵常州，本是宏图大展在即，如今却淹没在炮火声中。

1937年9月，日寇飞机轰炸常州。11月18日，日机专门对大成一厂投掷18枚炸弹，

大成二厂亦是日机重点轰炸目标，致使工厂损失惨重。京沪沿线各厂商纷纷迁往内地，刘国钧也安排了内迁计划，于常州沦陷前两日携眷辗转到达汉口。半生心血横遭战祸，转身离别常州之际，他潸然泪下。

1937年冬，南京陷落，汉口风声日紧，开工仅两年的大成四厂宣告歇业，大成公司分得200万元现金，以数十万折成纱布，和布机一同运往重庆。后来与北碚三峡布厂合作，成立大明布厂，以大成公司老员工为骨干，充实大明染织厂的车间、部门、班组，实施大成公司一整套的管理制度和操作方法，抓住提高产品质量这一重要环节，"大明蓝"在四川市场十分畅销。

1938年，来不及运走的纱锭设备等再装箱通过日军封锁线运往上海，大成公司租用中华书局印刷所作为临时厂房权宜开工。为安全计，聘请英国人挂名董事，挂上"英商安达纱厂"的招牌。至此，大成公司员工分散在汉口、上海、常州三处惨淡经营。

抗战期间，刘国钧冒着烽火硝烟，奔走往来于多地，努力维持所属各厂的生产经营。这时，他一心一意积累外汇，作为胜利后恢复生产，从国外订购原料和机器的本钱。他在香港开设了大孚建业公司，便是为了具体执行此项计划。

1942年，刘国钧从重庆回常州视察大成公司生产情况，百感交集，感慨道："我是劫后余生，今天仍能看到自己手创的基业，心中万分高兴。"复兴之志，他从来没有放弃。

他方式換得之股份（由私股自願提出，政府同意，以常州大成公司部份私股交換南通公私合營大生紡織公司相等價值之部份公股）作爲公股。私方以大成公司現有國內全部資產私股所佔部分作爲私股。依清資核股之結果，按實計算。

（五）在正式合營後，經雙方協商設置清股小組，進行清資估值工作。清股標準以一九五〇年底重估財產爲基礎，結合當前的情况，在「實事求是，公平合理」的原則下對偏高或偏低的部份作適當的調整。

（六）自正式宣佈合營之日起，建立新賬。合營以前所有未了事宜，均歸原企業承擔責任，有關財務上的收入和支出，由公私雙方協商後，在原企業資項下增減之。

（七）本協議書所列各條，如發現有與政府政策法令抵觸之處，依照政府政策法令辦理。

（八）本協議書經雙方代表簽字後生效。

（九）本協議書一式兩份，雙方各執一份，另將副本報送有關部門備案。

公元一九五四年六月一日訂於常州市

（公方）常州市人民政府工業局　丁仁富

（私方）大成紡織染股份有限公司　劉國鈞

1944年，眼看欧洲战事即将结束，日寇在太平洋战场节节失利，刘国钧分析当时形势，撰写了《扩充纱锭计划刍议》一书，对我国抗战胜利后纺织业的发展，提出了具体的计划，认为15年内全国纱锭可增长到1500万枚，与世界纺织业强国一争高低。7月，刘国钧取道印度赴美国、加拿大考察，为重整中国纺织业未雨绸缪。

1945年8月，刘国钧正在加拿大考察途中，日本无条件投降的消息传来，他欣喜若狂，在入住的酒店庆祝通宵，并随即赶回上海。

抗战胜利后，刘国钧领导全体员工齐心协力，克服种种困难，使常州的三个厂在短期内恢复了生产。到1948年，三个厂经过两年的努力，库存原棉、机物料、成品、流动资金均超过战前水平。

1948年，国民党政府在辽沈和平津战

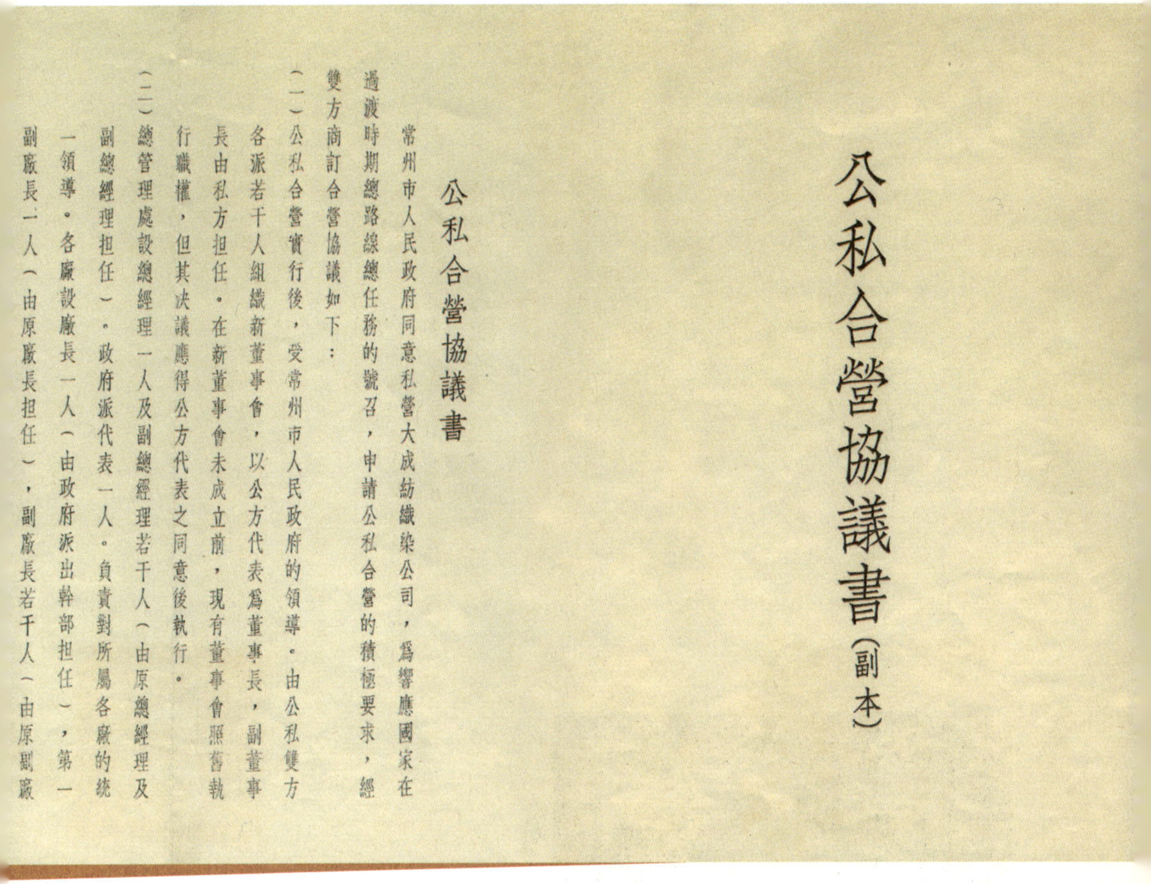

公私合營協議書(副本)

公私合營協議書

常州市人民政府同意私營大成劫織染公司，爲響應國家在過渡時期總路線總任務的號召，申請公私合營的積極要求，經雙方商訂合營協議如下：

(一)公私合營實行後，受常州市人民政府的領導。由公私雙方各派若干人組織新董事會，以公方代表爲董事長，副董事長由私方擔任。在新董事會未成立前，現有董事會照舊執行職權，但其決議應得公方代表之同意後執行。

(二)總管理處設總經理一人及副總經理若干人（由原總經理及副總經理擔任）。政府派代表一人。負責對所屬各廠的統一領導。各廠設廠長一人（由政府派出幹部擔任），第一副廠長一人（由原廠長擔任），副廠長若干人（由原副廠

役中相继失败，淮海战役即将打响，经济全面崩溃。为挽救残局，国民党当局于以整理财政并加强管制为名，大肆摧残民族工商业，将一些著名企业家关押敲诈，工商界人士惶惶不可终日，纷纷离沪去港，刘国钧亦前往香港避难。离开大陆之前，刘国钧对大成厂的高层职员作了交待："大成公司所有在上海、常州两地的现金、存款、元件、物资、机器一律不动，各人按各人负责的范围，尽力坚守企业的责任，把各种东西点清造册，一律公开，勿隐藏任何东西，共产党渡江过来，见我们有这种表现，决不为难我们，各位可以安心。"

家国大志：坚如磐石，未改初心

1949年4月23日，中国人民解放军胜利渡江，南京、常州等地相继解放。

此时，刘国钧的香港东南纱厂经营状况很好，名列香港纺织厂的前茅。除管理和操作沿袭大成公司的一整套做法之外，刘国钧从常州调去一部分得力的职员和技术精湛的工人，成为香港纱厂迅速成长的基石。

与此同时，香港有关报纸不断传来大陆的好消息，他的老朋友黄炎培、章乃器、孙起孟、胡厥文等人，已从香港辗转去了北平，参加6月15日开幕的政协筹备会全体会议。当他获悉黄炎培被任命为中央人民政府政务院副总理、轻工业部部长，章乃器被任命为政务委员，杨卫玉被任命为轻工业部副部长后，万分欣喜。

10月20日，他收到去上海察看情况的长子刘汉堃的来信。信中说道："我们一行

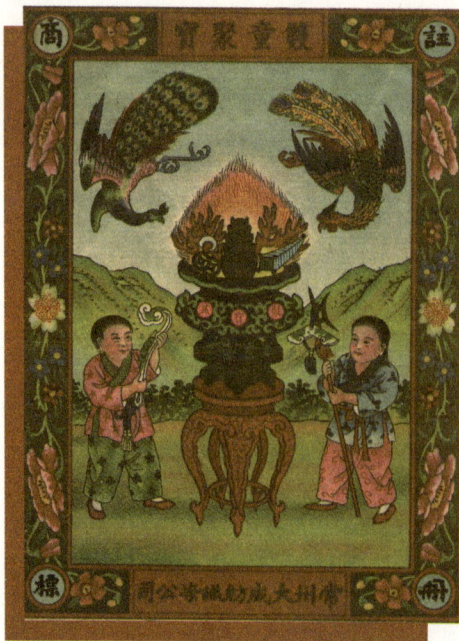

抵达上海后，略事休息，13日到达常州，16日返回上海。在常州期间，看到人民政府协助民族资本企业搞好生产，成绩斐然。"

是啊，是时候了。1950年春，刘国钧安排好香港东南纺织有限公司的事务，偕夫人踏上归途。魂牵梦萦的故土，他回来了。党和政府对他的归来给予了充分的肯定，有关部门及工人群众敲锣打鼓对他表示热烈欢迎。

9月30日，大成一厂召开"建国一周年庆祝大会"，刘国钧身着一袭长衫，脚穿布鞋，精神抖擞，在会上意气风发、慷慨激昂地作了演讲。

刘国钧去北京会晤了出任新中国政务院副总理的老友黄炎培，并受到了中央领导同志的接见和鼓励。在京期间，中共中央统战部部长李维汉代表周恩来总理接见了刘国钧，并设宴招待，欢迎他从香港回来，参加祖国建设。李维汉赠送给刘国钧一本《中国人民政治协商会议共同纲领》单行本，并说道："生活在新中国的工商界朋友，是有光明前途的。"这句话深深印入了刘国钧的心中。

1954年4月，人民政府正式批准大成纺织染公司实行公私合营，成为江苏省第一批实行公私合营的企业，刘国钧任副董事长兼总经理。

达则兼济天下。1951年，中国民主建国会在苏南地区筹建地方组织，刘国钧负责常州市的筹备工作。同年6月，民建常州市

委员会成立。

1953 年，第一届江苏省人民代表大会召开，刘国钧当选为省人大代表、1954 年 4 月，刘国钧当选为江苏省工商业联合会副主任委员。1954 年 9 月起，刘国钧先后被选为第一至第五届全国人民代表大会代表，全国政协委员，江苏省第一至第五届人民代表大会代表、江苏省政协第一、二、三届常务委员和第四届副主席。

1956 年，江苏省人大一届四次会议召开，刘国钧当选为江苏省副省长，遂由常州迁住南京。因关心家乡工业的发展，他仍然往返于宁常两地。

刘国钧认为，解放后，中国发展 1500 万纱锭的计划即将实现，为配合这一时刻的到来，他建议创办常州纺织工学院，进一步培养人才。

如今，在刘国钧高等职业学校的新校区，刘国钧纪念馆已成为常州市爱国主义教育基地，一批又一批校内外学子从他的经历里汲取着人生前行的养分。图书馆前的国钧广场上，端立着刘国钧先生的铜像，那双坚毅而睿智的眼睛，望向无边广阔的远方。

刘国钧先生精神的内核和时代意义，在于他矢志不渝抗衡国外列强的爱国情怀、百折不挠的大胆创业、精益求精的兢兢业业、市场经济的竞争意识、热爱家乡的大义奉献。

今日之中国，山河雄壮，民安国泰，但今日之中国，亦必须居安思危。在经济形势复杂、世界潮流涌动的当下，我们更应当拨出宁谧的片刻，去回首、瞻仰刘国钧和他的时代，去思考、开创崭新的未来。

∧　卜仲宽（左二）、周永强参加全国工商联第七届代表大会期间与香港中华总商会副会长张永
　　珍（右二）、纺织总会会长吴文英（右一）合影。

"提案大王"卜仲宽

卜仲宽（1929-2016）经营着"老字号"，是国家级非遗传承人、非公经济界代表，也是参政议政发挥作用、服务非公经济发展方面的"老字号"，他的提案在数量、质量和影响上长期保持领先。

1950年卜仲宽从父辈手中接过店面时，才22岁。在他担任常州梳篦厂副厂长时期，木梳产品从25个花色发展到450个花色，为世界之最。

1956年，由真老卜恒顺等6家梳篦行业大户组成的大陆梳篦厂被批准合营，但当时合营要实行全行业的合营，梳篦行业户数不少，管理水平差，如何摸清业内资产情况成了首要难题。为此，卜仲宽向党组织提出成立梳篦行业清产核资青年突击队。最终，在他的带领下，行业中的青年们夜以继日，仅用3天时间就把梳篦行业每户资产情况都弄清楚。他还拿出了900元（相当于他当时12个半月的工资）分别注资给4个亏损企业作资金，使梳篦行业公私合营得到批准。

同年，全国工商界青年积极分子大会在北京召开，卜仲宽作为常州代表之一出席大会，并受到毛泽东、刘少奇、周恩来等领导人的亲切接见。

2010年，在市工商联的帮助下，81岁的卜仲宽还带领常州"宫梳名篦"走进了上海世博会。

2013年，卜仲宽将1925年真老卜恒顺梳篦店注册的"白象"牌商标、图案及先后获得的奖章照片集等珍贵资料无偿捐赠给市档案馆永久收藏。

为民营企业家发声

1989年起，卜仲宽担任市工商联主任委员、会长。期间，他积极探索非公有制经济代表人士工作的新途径，为民营企业家发声并解决实际困难，比如提出《制定〈私营企业法〉》《个体经济发展必须纳入国家经济规划》等提案，真正成了民营企业家心中的"娘家人"。一同共事的原工商联副会长王文仪评价卜仲宽说："真心诚意，平易近人，把每个民营企业家都当成自己的孩子。"

针对私营企业贷款难问题，卜仲宽1998年在全国政协九届一次会议上提出"建议中央明确金融方面对私营企业贷款政策的提案"。不久中国人民银行明确答复，私营企业和中小企业同等对待，使政策得到明确。他不仅为民营企业争取技术人员职称申报、贷款等政策扶持，还着力做好政策信息宣传，为改革开放初期的民营企业家鼓足发展信心。常州秋惠进出口有限公司董事长江卫平说："20世纪90年代初，许多民营企业家对增值税先付再退的政策很难接受，是卜老耐心地介绍国家税收的来龙去脉，才让大家理解接受。"

实际上，改革开放之初，月星集团、红星美凯龙家居集团等一大批如今已经发展壮大的民营企业，都曾得到卜仲宽的鼓励。

任职期间，卜仲宽还发现，一些企业家文化水平不高、重业务、轻政治的情况比较普遍，为此，他通过召开座谈会、进行走访、个别交谈等形式，在非公有制经济人士中广泛开展"爱国、敬业、诚信、守法"和"致富思源、富而思进"教育，初步建立了一支听党话、跟党走、顾大局、讲责任的企业家队伍。《人民政协报》刊发于 2001 年 1 月 18 日的《民企成功九大要诀》和 2002 年 1 月 31 日的《怎样成为合格的建设者》等均是他多年工作的成果。

对于工商联工作的九字要求——"娘家、服务部、政治学校"，卜仲宽是这样说的，也是这样做的。从 1994 年到 2002 年，他先后在全国政协会议上作了九次有关民营经济方面的大会书面发言。如 1994 年全国政协八届二次会议上，他在大会书面发言中就提出"昂首阔步、理直气壮发展民营经济"的建议。

提案大王的诞生

卜仲宽在非公有制经济方面的贡献与影响并非局限于本地，他在担任全国政协第九届委员会委员期间共提出 140 个提案，而且全部立案，被各大媒体称为"提案大王""提案状元"，被政协组织称为"提案大户"。

这 140 件提案，不仅数量多，而且分量重，其中超过 30% 反映了民营经济在发展

▲ 20 世纪 80 年代初，南大街改造前的景象。

中急待解决的问题，并积极提出解决问题的建议。

当时，人们对发展民营经济的认识还不统一，有委员为他担心，还有人劝他说："卜老你太胆大了，中央也没有这样提过。"卜仲宽回答："党不要听我们的套话和官话，要听的就是实话和真话，我坚信只要坚持中国共产党的领导，坚持走中国特色社会主义道路，政治上是不会犯错误的，何况在政协内部有更广泛的民主权利。"

他的提案有个明显特点，就是十分关注国计民生，尤其是与广大人民群众生活、健康、利益息息相关，而且由于他的提案水平高，自1998年以来他每年必有提案在全国引起很大反响。卜老的提案从不泛泛而谈，既有分析，也有对策，比如他在2000年全国"两会"上提出的"电话计费须按秒计算"的提案，在全国引起巨大反响，许多报纸都进行了报道，也引起了信息产业部的高度重视。

卜仲宽说："电信资费调整，初看让人觉得电话费好像降了，但老百姓尤其是城镇地区的百姓却感到资费有增无减。""精打细算过日子的普通百姓，对价格最为敏感。2001年电话初装费取消后，虽然我国新增电话用户1951万，增幅超过13%，但市话费以6秒计费后同期话费却下降了1.29%。这一现象说明人们已经不敢轻易打市话，即使打每次也是'长话短说'。"

他算了几笔账：国内长途取消了双休日和国家节假日的半价优惠，晚间电话原来是晚上10时到次日早晨7时半价，现在是24时以后半价；老百姓使用最多的市话，原来是每3分钟0.18元，现在3分钟仍是0.18元，以后通话时间每增加一分钟，话费0.09元，而6分钟后上升到每分钟0.11元，打一个9分钟的市话，由原来的0.54元涨到0.72元，如果打一小时，话费则由每小时3.6元涨到5.31元，涨幅近50%，也就是说打电话越多，收费越多，实际上起到了限制消费的作用。

"市话收费标准急需下调，双休日、节假日的长途电话半价收费的规定应该恢复，这样既方便老百姓打电话，又能充分利用电信部门的资源。"卜仲宽建议相关部门认真加以研究，完善电信资费调整办法，努力与国际通信业接轨。

2001年，年逾古稀的卜仲宽又一口气递交了3个针对医疗业的提案——《关于完善城镇职工基本医疗保险的提案》《关于规范医学检查的提案》《关于医院化验单应使用中文的提案》，对医药卫生界提出了"三问"：一问医疗事故该不该由卫生部门"自家人"组织专家鉴定？二问上医院是看医生，还是看机器？三问化验单上洋码连篇，如何让一头雾水的患者了解病情？他建议对医疗事故鉴定、医学检查及医院化验单书写进行规范……卜仲宽始终关注与人民群众切身利益关系密切，却被有关部门一时忽略的"细枝末节"，对人民群众的深厚之情溢于言表。

为了扩大建言的影响力，在1993-2002年担任全国政协第八届、第九届委员会委员期间，卜仲宽的每次大会书面发言都要印刷4200份以上，除分送2200多位委员外，还要分送到中央有关部门去。最终他将所有提案整理成册，编制目录，一同捐给了常州市档案馆。另外，他还将1956年毛主席接见他的照片、历届政协会议材料等珍贵史料全部捐出，档案总数达到100余件。

卜仲宽说，我国社会在发展过程当中，在前进当中，必定不断遇到矛盾和困难，要靠经济的发展，才能逐步地解决矛盾和问题。对人民政协来说，在其中可以起到协调关系、化解矛盾的重要作用。政协委员来自各党派、各团体、各族各界，包括不同宗教信仰的人士，联系广泛。我们可以从不同的角度来反映前进中存在的问题，提出解决问题的建议。政协在协调关系中，具有独特的

优势，能够发挥其他组织替代不了的作用。在保持社会和谐稳定和协调发展中，人民政协大有可为。"提案光提出问题是不够的，必须要有解决问题的具体方法！"他给自己立下一个规矩：在全国政协大会上提出的问题必须是全国普遍性问题。"提案不一定每一件都被采纳，但一定要给党和政府的决策提供一些实际的参考，因为全国提案不同于地方提案，必须更注重质量。"比如为了2001年提出的34件提案，他提前半年就开始进行准备，共开了19次座谈会，对120人进行了调研访谈。

就这样，卜仲宽为发展中国民营经济鞠躬尽瘁，奉献了一辈子。曾经，年届八旬的他还曾说："一定不遗余力，毫不动摇地继续推进非公有制经济健康发展，为促进个体私营经济发展献出自己毕生的精力。"

经济篇

　　从革命性技术问世，到群体性突破，再到产业化发展，进而推动社会性变革，演绎了产业发展和经济格局的路径图。常州民营企业家本着说尽千言万语、走遍千山万水、历尽千难万险、吃尽千辛万苦的"四千四万"精神一路走来，秉着积极适应时代的"千变万化"、主动经受创新的"千锤万炼"、在发展的前沿展现"千姿万态"、在新的征程上奔腾"千军万马"的"新四千四万"精神砥砺前行，他们在以往的成功经验之上创新诠释，奠定了"智造常州"的坚实基础。

从一个零件到一个帝国：常州制造背后的核心力量

外国专家在今创作技术指导。∧

当德国工业 4.0 引发热烈讨论时，德国企业依旧低调，专注于下一代技术的升级和改造。当日本工业神话遭遇严峻挑战时，日本企业选择只保留核心业务，在转型中重获新生。如何成为世界制造业强国，在这件事情上，德国和日本坚持了数百年，这就是专注。

在大洋彼岸的另一端，有一座苏南城市，不仅拥有相似的制造基因，更孕育了 200 多家隐形冠军企业。这里的企业家同样深谙专注之道：深耕一个领域，把产品做精做强。这批改革开放后的初代企业家更像是一位位呕心沥血的匠人，他们用质朴执着的工匠精神托举着常州制造的未来。

一个不起眼的零件会变成什么？常州制造给出了自己的答案：成为代表顶尖水平的产业帝国。经得起时间的考验，守得住创业的匠心。专注，让这座工业明星城的未来拥有无限"可能"。

》衣帽钩里驶出的"火车头"《

来到今创集团，你一定无法将眼前这家占地 60 万平方米的上市公司与火车上的衣帽钩联系起来。1988 年，今创集团董事长俞金坤借了 8 万元，租下一台小型注塑机和两间 30 平方米的旧厂房，开始生产火车上最不起眼的配件——几毛钱一个的衣帽钩和行李架配件。谁都没有想到，这家条件简陋的小作坊发展成为世界先进的轨道交通装备基地之一。

没想到不代表做不到。今年 75 岁的俞金坤依然活跃在行业一线，看到他的工作状态，连年轻人都会面露羞赧。正是在"拼命三郎"俞金坤的带领下，今创集团才无畏无惧走过跌宕起伏的30年，成为占据国内轨道交通客车车辆配套装备最大份额的行业冠军。"办企业有时候是要讲点运气的，但是最为关键的还是执着和拼劲。"创业初期的苦，只有俞金坤自己最清楚。为了能让厂子办下去，俞金坤"疯"了一样在外面跑业务、送货。每周，他都要站40个小时的绿皮火车去长春推销产品。虽然是厂长，但坐票比站票贵了好几块，他舍不得买。途中实在困了，他就请别的乘客把脚挪一挪，自己钻进座位底下睡一晚，于是地板成了俞金坤的"专座"。谈起这段往事，这位老企业家的脸上只有淡然的笑容。现在，复兴号上先进舒适的卧铺产自今创。

凭着双脚和过硬的产品质量，俞金坤接到了来自全国各地的单子，企业规模越做越大。长期在外跑，嗅觉敏锐的他意识到只做小钩子、小挂件很快就会被时代淘汰。他开始思索企业下一步该走向哪里？"要致富，先修路，发展轨道交通是国家的大政策，前景广阔。我们已经有了一部分产品，下一步可以增加配套轨道交通产品的种类，从火车上的交通灯具、电器产品、灯罩这些小部件，往电器柜、空调控制柜这些大部件上靠。"俞金坤又跑到长春、唐山，开始新一轮的破冰之旅。拿回厂家的图纸和样品，俞金坤立马召集技术部人员一起研究。不负众望，"土师傅"们做出了电器空调柜。此时，机会来了。铁道部要组织一次产品评比，评比现场放在青岛四方车辆研究所。俞金坤决定带上产品样品去青岛四方参加评比。在评比中，俞金坤拿起榔头直接砸自家生产的灯罩，结果灯罩完好无损，产品顺利通过了铁道部的

评比。正是这一砸，市场打开了，企业利润也实现了连续翻番。

改革开放40年，中国经济飞速发展，然而无论是炒股热，还是房产热，俞金坤都没有想过赚快钱。守住一家厂，只做一件事——做好轨道交通配套装备。2002年，俞金坤打开了地铁整体内装的市场。庞巴迪长春客车公司中标广州地铁二号线，俞金坤主动请缨做地铁内饰。中国制造起步于中国仿造，通过仿造，企业尝到了甜头，然而产品送检不合格、产品未按照外方标准生产、产品涉嫌侵权等问题接踵而至。俞金坤知道出问题了，他砸掉了不合格的玻璃钢，而这一砸，砸醒了所有人，更砸出了今创日后的底气。缺乏顶尖的研发团队是今创的一条短板。从招聘大学生到力邀技术专家出山，从聘请国外专家到与国内高校、科研机构合作，组建研发团队的历程也是今创逐步掌握核心技术的生动写照。他们与中科院自动化研究所合作，研发了地铁站台屏蔽门技术，打破了该项技术的"洋垄断"；与南京航空航天大学合作，研发了大尺寸铝合金板超塑成型技术，并借此拿下7000万美元的英国伦敦奥运会地铁整体内装项目；与北京大学合作，研发了高速铁路防灾安全监控系统，成功应用于京津线、郑西线、武广线和京沪线。

2004年至今，今创通过独资、控股、参股等形式，先后建立了30余家海内外分公司，主要产品涵盖高速动车组、城市轨道交通车辆和普通列车内饰装备系列、列车控制系统、视听系统和站台屏蔽门等2000多种产品，今创形成了越来越完善发达的轨道交通装备业版图。当其他企业广拓业务领域，开始多元化经营时，俞金坤

今创控股集团董事局主席俞金坤和法国公司员工合影。

没有动心，看似谨慎的战略背后是俞金坤更大的野心。他说："在世界500强中，80%都是专业化公司，只有20%是多元化公司。只有做强主业，才能不断提高企业的市场占有率和核心竞争力。"从2005年第一份国际订单开始，今创集团国际布局的脚步不断加快。先后服务伦敦奥运会地铁内装项目、新加坡DTL地铁内装项目以及法国PP城际列车、RGV双层高铁项目等100余项境外项目，在法国、英国、比利时等国家建有物流仓库，还将在马来西亚、澳大利亚、俄罗斯和美国投资建设工厂。2017年，今创印度公司开业，俞金坤的轨道交通装备帝国再上一层楼。

今创的专注成就了轨道交通装备制造业的极致匠心。2017年，今创集团从百家民营企业中脱颖而出，入选中央电视台《致匠心》栏目，这对在轨道交通装备领域坚守了30年的今创集团来说，无疑是激励人心的盛赞。2018年，今创控股集团有限公司在上海证券交易所正式挂牌上市。正如今创集团官网上那句醒目的标语：立足轨道交通，做专、做精、做强，实现可持续发展。如今，站在"一带一路"的新起点上，今创还将书写下一个辉煌。

》装机必备的微型电声器《

不论你是"果粉"，还是"米粉"，也许你的手机里就安装着来自瑞声科技的产品。这家土生土长的常州企业有着令人惊叹的实力：全球每两部高端手机中，就有一部使用瑞声科技控股有限公司的元器件产品。30年前，讯响器在国内市场一片空白；30年后，中国拥有了全球微型电子元器件领域的"冠军"品牌——瑞声科技。当所有人都觉得不可思议时，如今73岁的瑞声科技创始人潘中来显得格外冷静，因为他知道，瑞声科技的每一步都走得扎实，走得专注。30年的奋斗配得上"冠军"的头衔。

在20世纪八九十年代，借钱、租厂房、添设备、请人才是民营企业家办厂的第一步。1987年，武进特种电子器材厂成立了。当时，微型电磁式讯响器都靠从日本西铁城公司进口，很多国内厂家也曾尝试模仿生产自己的讯响器，但都失败了。心中对无线电技术有执念的潘中来从常州电子研究所拿到一只电磁式讯响器样本后，就埋头研究其中的工作原理。凭借之前做电子元器件的经验，他制作了工模夹具和材料处理设备，经过两年的钻研，国产HC-12电磁式讯响器试制成功。武进特种电子器材厂生产的这款讯响器迅速替代了日本进口产品，直接打开了国际市场。1989年，公司实现销售额390万元，净利润达到200万元。企业发展上了快车道，却也带来了新问题。交通不便导致送货时间长，到深圳至少要一周，不仅延误交货期，还增加了额外的成本。具有企业家眼光的潘中来没有犹豫，进军深圳，不仅可以节约成本，还能贴近客户。

1990年，武进特种电子器材厂与一家香港贸易公司合作，在深圳投资建立生产基地，产品打入了港台市场。随后又与一家德国贸易公司合作，瞄准中高端产品，成功进军欧洲市场。上场父子兵，潘中来的儿子潘政民离开了大学教师岗位，回家和父亲一同打理公司。1993年，远宇集团成立。小作坊变集团，并走上了国际化道路，但新的问题又冒出来了：利润受到挤压，无法与终端客户直接接触。这就导致公司不能及时了解行业动态，不仅不利于产品创新，更没有市场的话语权。要想解决这些问题，公司需要一个机会……

一个商机悄然降临。1995年，摩托罗拉翻盖手机已在市场销售，手机从原有的"大砖块"发展到精致小巧的掌中宝。潘中来告诉儿子，手机体型"瘦身"，内置喇叭肯定也要求越来越小，这就是我们在等的机会。1996年，潘中来和儿子一起跑到美国洛杉矶，想打开与摩托罗拉的合作通道。1997年，与摩托罗拉合作的日本公司不愿意为他们单独研发一套微型扬声器和受话器新品种。潘中来听到消息，又跑上门主动争取。摩托罗拉给了半个月时间，潘中来知道公司创新能力和研发水平太低，他立即找到南京大学声学博士生导师沙家正教授，请他去美国洛杉矶协助公司开发新产品。15天后，当研发出来的新产品得到摩托罗拉公司的认可时，潘中来眼前豁然一亮：公司的一只脚已跨入世界市场的门槛。随后，远宇集团以低价格、高品质的产品迅速成为国际多家高端通信公司的供应商，占领全球声学电器领域35%

的市场。最终，那家日本电声公司不得不退出这一细分领域。2003年，在国际知名风投的帮助下，公司建立了全新的管理架构和经营流程，为公司日后的升级扩建打下了基础。2005年，瑞声科技在香港联交所挂牌上市，成为常州第一家港股上市民企。

电子产品领域的竞争风云莫测，随着竞争越来越激烈，潘中来父子认识到，传统制造业的商业模式已无法保持竞争优势和利润率。2005年后，国际手机品牌间的市场份额发生变化，摩托罗拉风光不再。"没有自主创新，没有核心技术，我们永远只能是国际巨头的'打工仔'，而不可能成为真正平等的合作伙伴。"于是，父子俩改

变战略——从盯住某种有形的产品，转为盯住技术，由单纯按客户的要求提供产品，转而向客户提供技术服务。公司在创立初期，就一直和南京大学保持紧密的合作关系。2002年，瑞声科技成立了研发中心，并拥有自己的核心技术，可以依据客户的需求提供不同的方案。从研发、设计到生产，形成了完整的产业链，先后拿下了索尼、诺基亚、Blackberry、HTC的订单，这让瑞声拥有越来越大的市场份额。

30年，瑞声科技只专注于体积仅为6立方毫米的声学元件。在这里面，生产出半粒绿豆大的麦克风，需要30多道生产工序，代表了全球最高水平。就是这样一个看似"微

Λ　瑞声声学拥有世界先进的生产线。

不足道"的产品，瑞声科技硬是把它做成了行业"隐形冠军"——产品95%销往国际市场。2010年，苹果手机风靡全球，瑞声科技凭借绝对的实力成为了苹果的供应商。2011年，瑞声科技成为三星手机的供应商。高品质的产品得到了谷歌、微软、三星、小米等全球知名厂商的高度认可。

目前，瑞声科技的产品涵盖精密微型电声器件、射频模块、微型摄像镜头等领域，集团在全球建有7个生产基地、8个研发中心。在细分领域，瑞声科技从未止步。公司通过海外收购、参股高科技研发团队等形式，直接提升国际高端市场的竞争能力。与美国斯坦福大学、新加坡国立半导体研究院发展MEMS晶圆技术；与荷兰、芬兰等高校合作，研究仿真技术、智能触感技术；收购丹麦、日本的光学研发团队以及韩国的电子陶瓷、新加坡的麦米师等公司。截至目前，瑞声科技拥有超过4800项专利，在微型电声器件市场，瑞声科技（AAC）的占有率居全球第一。

"30年来，我们抓住了每一波技术发展的趋势，把将来五到十年的技术趋势摸清楚，把它跟市场产生的潜在需求结合起来，瑞声科技才取得了今天的成绩。"潘政民说道。未来，这个庞大的电子帝国将以仿真技术为基础，利用强大的研发团队与先进的制造技术，结合大数据管理，继续为移动终端、机器人、无人驾驶汽车等智能设备提供硬件、软件高度结合的技术解决方案。

» 一个油缸"压"出全球第一 «

是什么样的企业，只用20年的时间，从零起步，打破德国、日本在液压行业的垄断？你可以在位于常州武进的恒立液压找到答案。启动资金5万元，员工7名，这就是30年前恒立液压的全部。30年后，恒立液压掌握国际液压行业的话语权，在高压油缸领域，市场份额达到48%，成为该细分领域的世界第一。恒立成功的启示，和今创、瑞声一样：30年深耕一个领域，要做就要做到最好。"汪总工作起来就像不要命一样，恒立能发展到今天，都是他冲在最前面。"谈起董事长汪立平，员工们打心眼里佩服。

1990年，无锡恒立液压气动有限公司成立，生产气缸和气动原件。看着规模日益扩大的公司，汪立平却不想止步于此，他下定决心，瞄准了挖掘机油缸领域，开始了一段艰苦的探索。当时，国内的挖掘机油缸完全依赖于进口，技术和市场都被国外企业垄断。很多挖掘机整机企业，都只能看油缸厂家的"脸色"生产，油缸厂家提供多少产品，就生产多少整机。国内也有不少油缸生产企业，但是大多数产品技术落后，有些油缸用着用着就开始漏油、拉丝，甚至断裂。汪立平迎难而上，1996年，开始着手独立研发挖掘机油缸技术。1999年，公司已经能开始小规模生产。当时公司研发成功后，产品备受客户追捧，恒立也在不断壮大。

2005年，我国进入一个工程机械市

场快速发展时期，公司抓住机遇，设立了恒立油缸公司。广阔的市场，加上前期的技术储备和积淀，让恒立保持高速发展，公司销售额每年增长的幅度高达60%。2009年，汪立平再次做出一个大胆的决定，为了提高企业产能，汪立平拿下了武进高新区430亩的生产基地。2011年，新工厂建成投产，一跃成为亚洲规模最大的挖掘机专用油缸制造商。同年，恒立油缸在上交所成功上市。

现在，坐落于武进国家高新区的恒立液压工厂占地面积已达1300余亩。在2000余名员工中，工程技术研究人员多达200余名。为什么技术人才达到这么高的比例？因为从创立之初，汪立平就知道，要想让恒立走得更远，必须依靠核心技术。经过多年发展以及与外企的较量中，汪立平认识到只有加大投资和技改力度，实现技术和工艺装备上的突破，企业才能做大做强，才能与德、日等发达国家企业在相同平台上进行竞争。否则就要落后，就要被淘汰。在恒立集团总经理邱永宁看来，公司能有今天的成绩，关键在于技术创新方面舍得投入。2010年，公司投资2.8亿元实施"年产5万只非标油缸项目"，投资3.15亿元实施"年产20万只挖掘机专用高压油缸技术改造项目"。2011年，公司投资近6亿元建设高精密液压铸件项目。2013年，公司投资成立江苏恒立液压有限公司，一期投资15亿元，实施高性能液压柱塞泵和多

路控制阀项目。2014年，公司投资2.5亿元实施"年产3000套非道路矿用车辆专用油缸"项目。汪立平将心中的目标化解成每年在产品上的投入。技改和投资项目实施后，技术成果和产品均达到国际先进水平，能完全替代进口，也推动了我国工程机械行业发展和自主开发水平的提高。

在荣获江苏省"示范智能车间"称号的液压泵阀智能车间内，工业阀体加工的操作几乎全都由全自动智能加工中心和机械手来完成。车间由多条智能自动化装配线和多个全球先进的加工中心组成，包括德国萨玛格双主轴卧式加工中心、库卡自动上料机器手、纳格尔珩磨机等，还配套了部分相关的进口测试台、清洗机等设备。也许你不了解油缸行业对产品的苛刻指标，在这里生产的阀体，加工误差仅小于0.5丝米，整条生产线24小时就可完成1234件阀体的加工，这就是汪立平在技术上追求的极致。目前，恒立液压建有亚洲最大的高压油缸研发中心，以及江苏省唯一的超高压油缸小型化轻量化设计工程技术研究中心，另建有江苏省工程中心、江苏省企业技术中心、江苏省博士后创新实践基地，公司年均研发经费投入占营业总收入比重达到8%，产品已销往全球20多个国家和地区。

汪立平的步伐仍未停止，此时，他的心里只想着攀登液压行业的最高峰。2015年，恒立液压收购了德国液压工业4.0的代表企业哈威集团旗下的哈威InLine液压有限公

司。恒立液压与哈威合作后，面向中国的盾构机市场，开发了一款智能泵。据了解，目前全球有能力做出这个泵的，除了德国著名的自动化设备制造商博世力士乐外，只有恒立。将中国制造2025与德国工业4.0在液压领域有效对接，恒立液压做到了。对于液压行业的未来发展方向，今年53岁的恒立液压董事长汪立平说："工业4.0是液压行业的发展趋势，从产品研发角度看，就是要加强机电液一体化的研发，特别要重视电控技术、电子技术与液压技术的结合。"30年，恒立认准一个方向，终于走到了全球液压领域的头部阵列。当人们惊叹于恒立取得的辉煌时，汪立平随意拿了两件衣服，又踏上了寻求液压行业下一个突破点的旅程。

作为长江经济带的重要城市，常州拥有历史深厚的制造业基础，更拥有现代工业明星城的魅力。"勇争一流，耻为二手"的阳湖精神激励着一代又一代常州企业家勇闯未来。在这片占地4000多平方公里的土地上，成长着一批又一批全国乃至全球一流的隐形冠军企业。

关于"隐形"，常州企业是低调的，埋头做事是企业家们推崇的风尚。他们认为，没有必要过多"作秀"，最好的自我营销是拿产品说话。关于"冠军"，常州企业是认真的，"专注"是企业获得持续发展的公开秘籍。常州企业把"专注"做到了极致，登上了多项细分领域的山巅。因此，在常州企业家的眼中，天下武功，唯"专"不破。

∧ 2015年，恒立液压并购了德国哈威InLine公司。

以身观身，以乡观乡，以天下观天下

"一带一路"倡议将推动沿线各国发展战略的对接与融合，促进投资和消费，让各国人民共享和谐、安宁、富裕的生活。"勇争一流"的常州企业，正积极响应国家的"一带一路"倡议，更好、更快地走向世界。

一队无声的骆驼带着永久的繁华，途经过古道，聆听商人们席间闲坐的碎语，越过没有尽头的小巷，顶着不经意的风沙，那是古代"丝绸之路"的印记。而现代的丝路传奇，正在形形色色的提醒与顾虑中，毅然前行，这是世界的"一带一路"。

6年来，"勇争一流"的常州企业，正积极响应国家的"一带一路"倡议，更好、更快地走向世界。至今，常州企业在"一带一路"沿线国家投资项目已达158个，中方协议投资额9.4亿美元；在"一带一路"沿线国家累计新签外经合同额16.67亿美元，完成外经营业额9.69亿美元。

企业与政府，两者之间如鸟之两翼，车之双轮，是落实"一带一路"倡议的关键力量。

常州市商务局副局长邹德英表示，随着"一带一路"倡议的加快推进，常州企业的对外投资会更加活跃。尽管会面临国外政治、法律、经济、文化等方面带来的风险，但这一过程会让企业在国际市场与世界舞台上得到历练、日益成熟，国际化道路也将走得愈加稳健。商务部门将进一步加大对相关企业的合理引导和有效指导，第一时间提供国外招商信息，主动对接相关项目，做好政策和法律法规宣传，并实行跟踪服务，切实解决企业在"走出去"过程中遇到的问题。仅2018年一年，市商务局就陆续举办、协办了多项活动，如2018年中国企业"走出去"风险发布会、2018年常州企业"走出去"宣介会、企业海外投资交流会等。

2017 年，印度安德拉邦 455 兆瓦大型地面电站建成投产。

» 心中有沟壑，眉目作山河 «

创立于 1997 年的天合光能股份有限公司，在 22 年的高速发展中，不仅成为常州企业"走出去"的龙头，而且作为全球领先的光伏组件及智慧能源解决方案提供商，天合光能分别于 2014、2015 年，连续两年成为全球最大的太阳能组件供应商。即便如此，天合光能也曾一度遇到过"大企业招工难"的问题。为此，由于产能扩张及招聘高级经理，顾磊时常焦虑得睡不着觉。"一到春节后的招聘旺季，工资开到四五百元一天，人还是不好招。"顾磊感慨道。当时，天合光能光常州总部就有近 1 万人的用工需求，巨大的供求差距，造成了"有钱招不到人"的奇怪现象。再加上，人力资本的持续上升，一时给天合光能造成了不小的压力。

如果说改革是场春风，那么"一带一路"倡议之于天合光能，就是雨露。随着"一带一路"的倡议和优惠政策的出台，天合光能开始着眼于未来，进一步扩大新兴市场，进一步扩大全球化的市场布局。

过去几年，天合光能通过投资、合资建设等方式，在马来西亚、泰国、越南等国家建立了海外生产基地。比如 2015 年，与马来西亚本土一家代工厂合作，建设 500 兆瓦光伏组件产能；2016 年，在泰国的工厂正式投产；2017 年，在越南的电池工厂宣布开业。就这样，在当地丰富的劳动力资源强力推动下，招工不再是难事，很多当地的年轻人都乐意到天合光能的工厂去上班。

"Hi！My name is Puchayan Polyiam. You can call me Jord." 就是这位操着一口不甚娴熟的英语，却仍然热忱与人交流的小伙子，在年终总结的时候被评为泰国工厂的优秀员工。Jord 是来自泰国东北部的黎逸府，是当地高校工程专业的高材生。在来到天合光能泰国工厂不到一年的时间里，他完美地诠释了什么是踏实、努力、上进。遥想当初，Jord 也在当地外企（做车用空调的韩资工厂）上班，并且有机会升为组长，为什么选择跳槽到天合光能呢？Jord 兴奋地解释道："天合光能人文化的工作环境，人性化的上班时间，颇为可观的薪资待遇，以及诚挚细心的员工培训，无一不是吸引他的地方，有太多，太多……"

"车间里虽然要 24 小时不停车，但是我们 8 小时轮班工作，一点都不会觉得累。更重要的是，很多中国来的工程师非常耐心，经常手把手的教我们。光伏产业在泰国是新兴产业，我在天合光能找到的不仅仅是一份工作，还学到了很多新的技能，我相信这对我的职业生涯和未来发展会有很大的帮助。" Jord 说，"我虽然学习的是工业工程，但以前在韩资工厂的主要任务就是整理资料和数据。现在在天合光能，作为电池车间扩散设备组的一员，我有了很多实际操作的机会。作为一个男孩子，我更喜欢动手多一点。"

去泰国旅游的人都知道，泰国地处东南亚，属热带季风气候，根本没有穿秋衣秋裤的机会，全年平均气温不低于 18 摄氏度，工厂高热的环境，往往是许多年轻人望而却步的原因。而天合光能在泰国的工厂，环境却很好，而且还配备了高功率的空调，这一点对于当地任何一家工厂来说，都是相当难得的。

目前泰籍员工比例占 90%，不少已经进入班组长的岗位。难怪顾磊会掷地有声地说："排队等工作的人，还有三五百。我们的光伏电池厂是无尘、恒温车间，对于高温的东南亚国家，凉爽、干净的工作环境很有吸引力。另外，我们开出的工资也比当地一般企业高，这是吸引当地雇员的制胜法宝啊。"

天合光能首席执行官高纪凡认为，民营企业"走出去"的过程中普遍面临资本和人力资源不足问题，缺乏对投资地市场的了解。在这种情况下，对中国资本友好且各领域互通程度较高的亚洲国家可作为民企海外落脚的第一步。在"一带一路"倡议的引领下，新兴市场的开拓更贴合了天合光能的全球化战略布局。

为打开资本获取的新空间，天合光能从

原来欧美发达国家市场，逐步向亚太、拉美、非洲等新兴市场转移，与很多当地的金融机构建立了合作关系，同时也为当地的金融机构创造了新的价值点，比如和泰国最大的银行之一——汇商银行进行战略合作，也成为了泰国当地很有影响力的一件事。2018 年 8 月，天合光能获越南工商银行对中国光伏企业的首笔授信，标志着越南市场对天合光能的极大信心。

"'一带一路'和国际产能合作也为民企海外大步走添了一把柴，投资环境和融资方面的优惠政策，让民企能够在更加公平、自由的贸易环境下，展示和提升竞争力。"高纪凡说，"利用国际竞争优势，在海外投资建设技术领先的生产基地，生产高性价比的产品，输出先进的管理方式，是一种互利共赢的模式。"这些新兴市场，例如拉丁美洲、东南亚或者中东等，目前的能源基础条件相对较弱，但是对能源需求量大。"我们能用低碳、清洁、低成本、智能化的能源设备，帮他们构建一种面向未来的新增能源体系，甚至弯道超车，因此受到了很多新兴国家的支持"。

有道是，不管做什么，都不应急着有回报，因为播种和收获并不在同一个季节，中间隔着的那段时间，叫做坚持。奋斗就是每一天都很难，可是一年一年却越来越容易。艰难也好，险阻也罢，心中有着不一样的蓝图，加上一份坚持，附上一份睿智，也就自有另一番乾坤。

》面可如平湖，腹须有乾坤《

张晓风曾说，以一生的时间去酝酿自己

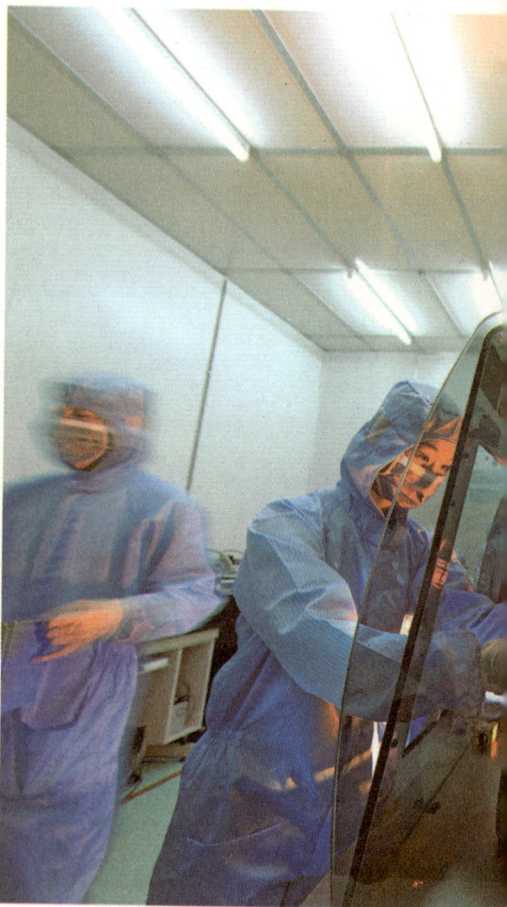

光伏科学与技术国家重点实验室科研人员在进行实验。

的浓度，所等待的是一刹那的倾注。

天合光能仅用了短短 6 个半月的时间，就抒写了行业传奇，酝酿了自己品牌的浓度，且还在持续发酵。天合光能在越南控股投资的天合光能科技（越南）有限公司，其新厂区从2016年5月开建，到11月下旬一期700兆瓦生产线就实现满产，用6个半月的时间刷新了行业纪录，并为当地创造了近

1000个就业岗位。该项目是天合光能继在马来西亚、泰国之后，又一个在东南亚发展的重点项目。天合光能董事长兼首席执行官高纪凡表示："越南项目短短几个月将一片荒草地建成了整洁有序的厂房并实现满产，

这充分体现了天合光能的奋斗精神和'创业者'心态，同时也离不开中国大使馆和越南政府以及各方的大力支持。"

Gaurav Mathur是天合光能约2000名外籍员工中的一员，也是印度团队最早的员工，加入天合光能7年多，成为天合光能印度销售总监。"我是印度加入中国太阳能公司的第一人！当然，我也是印度天合光能的第一名本土员工啦！"人称Ga哥的他，至今都常把这句话挂在嘴边。无论是从天合光能的相关报导，还是Ga哥自己的言谈中，不难看出，他是一个性格爽朗、喜欢追求生活品质、敢于接受挑战的印度"大叔"。2011年10月，Ga哥毅然决然地离开了印度当地最大的垄断企业，转投了天合光能的怀抱。在这确认过眼神，"互相定情"热恋期却面临着不小的市场困局。当时印度刚刚开始发展太阳能产业，外国品牌在当地的市场占有率很低，而First Solar等美国品牌同时也在印度做强势推广。追求稳定的人，都不会选择在这个时候跳槽，但Ga哥做出了选择。原因和大多数工薪阶层一样，繁重的工作让人无法有片刻停足回眸的时间，那春来江水绿如蓝的风景与生活渐行渐远，没了诗意，也失了远方。不一样的是，他做出了选择。"我需要生活工作实现平衡，而且我希望掌握自己的节奏！"真是一般风景，两样心情。如今，Ga哥在天合的生活已然是看山不是山，看水不是水，亦或是看山还是山，看水还是水了。

经济与文化需要联姻，纯看增长指数的高低并不是"一带一路"倡议的核心理念。倡议起初，一些大国、媒体过分地渲染"一带一路"为"战略大通道""桥头堡"，使用这些军事色彩的语言，无疑是不合理的。天合光能在积极响应倡议的最初，就秉持着人文关怀，充分尊重当地工人的生活习惯和文化习俗，在当地节假日和重大事件处理上，例如在泰国新年和国丧期间，天合人坚持和当地员工一起过，融入当地文化，了解当地习俗。黎氏凤是天合在越南工厂的一名普通员工，2017 年 7 月，她迎来了越南制造创团电池生产经理张红心和同事的家庭拜访慰问。原来，为了进一步了解越南员工的家庭基本情况和当地的风俗民情，并积极宣传公司以人为本的文化理念，公司组织了的"走进越南，温情进家"的活动。她 80 多岁的爷爷，拉着天合员工的手，激动地说："谢谢天合光能给我孙女这么好的工作机会，待遇优厚，工作环境好，以后我还要介绍其他人去公司上班！"此外，天合光能还进行了一系列国际社会公益活动，把人文关怀切实发展到海外。2015 年 4 月，尼泊尔 7.8 级大地震，天合光能捐赠了约 7000 瓦的太阳能组件，用于尼泊尔地震重灾区灾后重建工作。2017 年，天合光能股份有限公司向印度龙树学院捐赠了 30 千瓦光伏组件，帮助印度龙树学院实现了"太阳能发电停车棚"的建设计划。

目前，天合光能的业务足迹已覆盖全球100 多个国家和地区，这其中包括 39 个"一带一路"沿线国家，覆盖了 60% 的沿线区域。谈及光伏产业未来，高纪凡表示，应该把数字化技术引入到能源领域。"未来能源革命的方向将是构建以数据共享、智能互联为平台的能源共享机制，形成能源市场化和共享经济下的新型能源体系。"我们相信，以持续不断的技术研发，并将成果投入到生产为目标的天合，将履行"用太阳能造福全人类"的承诺，为"一带一路"沿线国家建设画上浓墨重彩的一笔。

》以诚为立，夯实施工质量 《

2013 年，国家提出"一带一路"倡议以来，前身为金坛建工集团有限公司（具备对外承包工程经营资质）所属阿尔及利亚第二项目部的金坛市天地建筑有限公司积极响应，第一批加入了"一带一路"建设，并始终奋斗在最前线。自 2009 年成立起，天地建筑在阿尔及利亚承接了大小 10 余个工程。翻阅天地建筑的项目总表，在业主评价一栏中，"诚信"两字格外醒目。

习近平总书记曾在十九大报告中提出，要推进诚信建设和志愿服务制度化，强化社会责任意识、规则意识、奉献意识。天地建筑在这方面做到了极致。孔子曰："言必信，行必果"。也正是因为这点，天地建筑在行业内有着较好的口碑。

2014 年，在 ROUIBA 300 套公共租赁房

项目工地上，一身蓝色工程服，一顶红色的安全帽，帽檐下一张帅气中带着坚毅的脸庞，看似被遮住了眉眼，却不减半分英气的陈玉梁，就这样印入眼帘。他是常州市金坛天地建筑有限公司的商务经理兼总工程师，每天与工人们一起，朝迎旭日，目送夕阳，奔波在各个施工现场，不辞劳苦。这一天，陈玉梁如往常一样，进入现场巡视，进行一系列常规检查，诸如各个施工面的塔吊、钢丝、速差自控器以及消防情况等，日复一日，却不见松懈。天地建筑的员工都知道一句话：公司带你们出来，便要带你们平安回家！你们是家中的栋梁，你们每一个人的安全，关系着好几个家庭的幸福。例行的安全检查，并不是简单而枯燥的机械操作，而是职业操守和人文情怀的体现。在检查中，一名刚从国内来的员工小李正想要切割竖向钢筋，陈玉梁看到这个动作，马上大声制止。"停！"小李吓了一跳，一脸不解，说到："钢筋偏位了，我只是想把它割掉，移一下位而已。"陈玉梁耐心解释说："这是不行的，钢筋是整个楼的骨架，随意切割会影响整个结构的受力情况，造成日后的安全隐患。"小李满不在乎地应了句："只是移一下位呀，这在

∧　2019 年 3 月，新来的工人正在参加安全生产管理培训课。

2018 年 11 月，甲方、业主和监理共同视察中国水电粮仓项目。

国外管这么严吗。"这回陈玉梁严肃起来，认真地说："是啊，就是在国外，我们更多了一份责任，我们代表的是中国人的形象。我们之所以能在这里施工，是因为这个国家的老百姓信任我们，我们必须要交给他们一个满意、优秀的工程。

千里之堤，毁于蚁穴，差之毫厘，谬以千里，点滴诚信，立于心，始于民。从那之后，小李知道了，在国外，在天地建筑，时刻需维护好自己公司的形象，夯实施工质量，在做到尽善尽美的情况下，要始终不忘初心，不忘自己是名有诚信的中国人。

著名教育学家严复就一度为中国国民的"流于巧伪"而大感苦恼，周国平曾解释道，所谓"巧伪"，就是在互相打交道时斗心眼，玩伎俩，占便宜。凡约定的事情，只要违背了就能够获利，就会有人盘算，让别人去遵守，自己偷偷违背，独获其利。"诚信"是一个"上了年纪"的话题，却是企业长久运营的核心。"一带一路"建设是"经济之旅"，也是"文化之旅"。狭隘、自私的举措会伤了沿线合作国家的"心"，让"一带一路"这个"合唱团"最终沦为一人的"独角戏"，这个代价是我们不能承受的。作为常州的民营企业，天地建筑的做法，让我们看到了发展宏图的希望。正所谓星星之火，可以燎原，如若每个在外企业都能秉持这份初心，那当我们再次阅读严复先生关于"诚信"的文章时，可以不再汗颜，可以抬头挺胸地道一声，这已成往事。

» 以人为本，提高管理水平 «

与总倒时差，常换水土，奔赴各处海外市场的其他民营企业不同，天地建筑主要长期开发阿尔及利亚市场，进行道路、房建、公建（以政府名义修建的工程）等项目建设。近年来，通过工程总包、分包、劳务分包、扩大劳务分包等方式，他们与国企合作，一起参与海外共建。如中国二十二冶的900套项目、十八冶的1400套项目、中铁十四局路桥项目、中国水电十三局50000吨粮仓项目等。目前正在进行的就有MOSTAAGANEM300套LPP项目、康斯坦丁粮仓发放塔和工作塔项目、奥兰体育场游泳馆项目、MASCARA 900套住房项目、TLEMCEN 400套项目和REGHAIA 1400套项目6个，平均造价都在上千万人民币左右。

天地建筑有限公司董事长吉卫国和董事仇丽云在北非阿尔及利亚这个地中海气候的国家，一呆就是十几年。工人有假期，他们没有。一年也就回国两次，偶尔给自己放假一两天，已经是奢侈。问其原因，吉卫国说，可能是个人满足感和使命感的作用，每每看到工人拿到及时发放的工资欣喜若狂时，员工领到企业的奖金买房买车时，心里就有说不出的成就感。月是故乡明，人在国外，往往思虑更深。人在异乡，没有了家的庇护，

一种民族的情怀，往往会悄然升华。这不是一时的"土味情话"，而是一种对内心最虔诚地倾诉，在生命的映衬下，写就的一曲曲温暖古朴的赞歌。天地建筑就是在这种浓浓情怀的带领下，播撒了常州企业在海外别样的人文情怀。"以人为本"，一直是天地建筑的核心理念。

在阿尔及利亚，天地建筑实行从上到下分层管理的人性化制度。小到员工的心情，大到身体状况、家庭生活，董事长吉卫国和董事仇丽云无不周到关心。新来的员工小张，不适应阿尔及利亚的环境，每天愁容满面，负责跟随项目的后勤人员发现小张的情况，马上就会有中层乃至高管亲自与小张聊天谈心，平复其内心困顿的同时，在生活上做细致点滴的引导，减少他由于语言、生活不适应所带来的不必要麻烦，让小张更快地融入阿尔及利亚的工作生活。

天地建筑在海外往往会同时进行多个项目，每个项目都会配备这样的后勤人员，时刻关注员工的工作、生活状态。有一次，员工自己都没有察觉，后勤人员却发现了该名员工有发热症状，督促其停下手头工作，立即就医。此外，天地建筑还会配备专门的安全人员跟组，在项目经理、工长、组长的带领下，对各个大小不同的组别（如钢筋组、木工组、瓦工组、油工组等）进行每日开工前的传统安全教育，排查安全隐患。如果哪天没有进行这方面的晨会培训，就不会开工。由于工作的性质，员工的人身

安全一直是天地建筑重中之重的任务，每年的零事故绩效考核，是一种鼓励，也是一种决心，一种誓将人文关怀延伸至工作的决心。

许多外派劳务工人选择去天地建筑的另一个原因，就是天地建筑从没有一次拖欠过工人的工资。在如今的社会，工资不能按时发放，并不是新鲜事。阿尔及利亚的办事效率和许多熟知的拉美国家一样，并不是很高，很容易出现承包项目资金回收慢、不及时、不到位的情况，针对这一现象，讲究"以人为本"的天地建筑，会提前备好储备资金，多年来坚持实行两套资金机制。在工人最需要钱的时间点：开学前和过年前，及时发放工资，做到绝不拖欠。天道酬勤，人道酬善，商道酬信，业道酬精，一步一个脚印，在"诚信"与"人文"的国度里屹立，这是我们常州的企业——天地建筑。

在未来的规划上，阿尔及利亚是一个以天然气和石油为经济支柱的国家，据董事长吉卫国说，当地的生活用品，几乎都依靠进口。对此，他有着自己的想法，打算开办一些工厂或者加工类投资。在满足市场需求的同时，真心搞好当地建设，服务当地民众。如果说基础建设是"重型铠甲"，那么日常用品的"走出去"就属于"轻装上阵"。很多经济学家认为，推动"轻"

项目走出去是"一带一路"建设的又一个分水岭。

"一带一路"倡议本质上是有关国家共同合作的平台，是中国提供给国际社会的公共产品，强调"共商、共建、共享"原则，倡导新型国际关系准则和21世纪地区合作模式。"一带一路"合作倡议建立在合作共赢的基础上，提倡沿线国家进行平等友好的经济往来、文化交流，实现共同发展，这并不是单方面输出的单向贸易线。此外，天地建筑未来的海外市场也会进行一定的战略布局，延伸至科威特、俄罗斯，以及西非、中非的一些国家。其中科特加瓦高速公路和塞内加尔水泥钉项目就已经在洽谈、协商中。未来可期，我们常州企业可期。

» 在"融合"中蓄力，打造 C2B 新业态 «

"哇哇哇……"在声声啼哭中，Yulduz 感到万般疲惫。马上要迎来乌兹别克斯坦的雨季，这屋顶上被风刮出的大洞，犹如最后一根稻草，压弯了 Yulduz 的脊梁。才40岁的她，由于丈夫常年卧病在床，肩负起了家庭的重担，两鬓早已生出了华发。为母则刚，看着两个孩子茫然又无助的脸庞，Yulduz 抹抹泪，抱着一试的态度，踏

2018 年，利泰纺织国际生产车间内景。

着沉重的步伐，迈向自己才工作两年的纺纱厂——金昇实业在乌兹别克斯坦的项目公司利泰纺织国际，向其提出了援助申请。

金昇实业作为一家以高端制造为主，致力于智能制造、绿色经济的全球化产业集团，旗下已有利泰丝路、卓郎智能、德国埃马克机床、德国科普费尔齿轮及瑞士赫伯陶瓷等国内外拥有 100 多年历史的企业。利泰纺织国际所打造的利泰丝路乌兹别克斯坦园区是金昇实业于 2015 年 7 月投资 1 亿美元建设的卡尔希项目，并于 2017年 7 月投产。该项目是当地自动化程度最高的现代化纺纱厂，所创成绩斐然，仅2018 年出口创汇就达 5000 万美元。在提升当地工业发展水平的同时，还解决了当地650 人的就业问题。乌兹别克斯坦总统米尔

∧ 金昇实业在乌兹别克斯坦的项目公司——利泰纺织国际。

济约耶夫曾两次参观视察了利泰丝路乌兹别克斯坦园区，并给予了高度评价。

在中亚，身处异国他乡，誓要开出别样"梵花"的金昇，围绕着"国外投资企业如何稳定发展，并创造出效益，员工队伍是关键"的思路，展开了其"融合"之路。不同于其他企业，金昇在乌兹别克斯坦的员工队伍主体是当地人，这导致了其语言、文化习惯、宗教信仰等差异问题格外明显。在尊重的大前提下，金昇并没有消极对待，而是通过邀请当地"大咖"，举办公益活动，拉近心灵沟通的距离，同时又通过打造优质的工作环境，愉悦员工身心，实现软硬件的"双剑合璧"。在这"融合"的蓄力中，金昇颇有一番使出"洪荒之力"的架势。就Yulduz而言，了解到这名普通的络筒成纱包装女工的家庭问题之后，金昇当地公司的主要领导便带领工会及相关管理人员，驱车几十公里来到Yulduz家里进行家访。最终由公司总经理个人担保，向公司借贷资金，及时解决了Yulduz迫在眉睫的困难。一份耕耘，一分收获。这几年公司的用工人数明显有所下降，据统计，由原来的最高峰739人，下降到2019年4月份的620人，生产效率有了提升，产量也随之增高。

总部坐落于常州的金昇实业，在这人杰地灵的城市，通过高瞻远瞩的规划，目前在全球 35 个国家及地区已拥有近 14000 名员工、103 家工厂及公司（在德国拥有 19 家工厂，超过 4300 名德国籍员工）。在"一带一路"沿线国家的投资建设中，先后在欧洲、乌兹别克斯坦和印度进行科学布局，把未来发展主方向定于我国新疆和乌兹别克斯坦，在打造 C2B 新业态的同时，为国内经济高质量可持续发展做出一份助力。

在信息化腾飞的时代，"绿色""个性""电商"等高频词汇层出不穷，纷纷进入大众的视线，而我们传统行业的"疲态"显得与之格格不入。在充分结合市场，考量技术的前提下，金昇实业采用了"三步走"战略，利用新疆的政策资源优势和未来区位优势，践行"一带一路"倡议，依靠国内研发技术带动国外制造能力输出，进而推动中国纺织行业转型升级。C2B 作为一种以消费者为中心的柔性化生产，以买家"要约"为特性，采用"定制"模式，结合"虚拟市场"和"现实市场"，一定程度上实现了独特的买方前置，在价格、渠道等产业链透明的态势下，开创健康的新型商业模式。

金昇实业于 2018 年实现了产值 40 亿元，并预计在 2020 年将实现产值超 100 亿元。无论是腾笼换鸟的国外生产基地，还是在 C2B 的主战场新疆，金昇实业一步一个脚印，踏踏实实地践行发展规划，在蓄力中沉稳发

展，扭转了传统行业的窘境，寻找到了适合自己的新型模式，在众多常商企业中，留下了自己光亮的身影。

» 悠悠衣乡采，"质""信"筑未来 «

盈盈一水间，丝丝如初见，纵是千隔又万里，哪及思浓绵又忆。阮氏清娥（华利达越南工厂员工）和何国杰（华利达越南服装有限责任公司中方员工）便是如此。本来不可能产生交集的两个人，不同地域，不同文化，不同语言，却可以彼此邂逅，是缘分，也是一种别样的"共融"，他们同属于一个公司——常州华利达服装集团有限公司。"有质量就有将来，有诚信就有永远"，这是华利达自 1989 年成立以来，就一直坚守的价值观。作为华东地区最具规模的服装出口企业、全国最具规模的汽车安全气囊生产基地之一，江苏省首家"国家出口免验企业"，华利达坚持与客户形成命运共同体的同时，启动国际化战略，以世界级的标准，追求高起点、高标准、高效率，从而实现工艺和装备的现代化、智能化、国际化。

"一带一路"倡议提出后，华利达积极响应，科学规划国内外市场，准确判断"走出去"最佳时机，于 2016 年 9 月与中国纺织龙头天虹纺织集团合作，在越南北部成立华利达（越南）服装有限责任公司，共同打造从纺纱到成衣，再到规模化快速整合

常州华利达服装集团有限公司生产车间的工人正在进行生产。

和价值提升的高效产业链。目前，华利达越南一期工厂已稳定运营两年半，员工人数达到3000人，订单全部排满，销售额逐年上升，2018年已实现盈利。兵贵在于神速，2018年年底，华利达就启动了越南二期工厂建设，并积极规划三期工厂。预计3至5年内，达到员工8000人以上规模，年产200万件成衣，形成与中国本厂同等质量、相同规模的海外生产基地，打造出越南地区乃至整个东南亚的行业标杆。

《资治通鉴·唐纪》中提及，唐太宗曾对房玄龄和魏征说："创业之难，既已往矣；守成之难，方当与诸公慎之。"越南工厂以3个月的"常州速度"建成，这既是速度，也是实力体现，但随之而来的，是异地问题的严峻考验。中国纺织服装"走出去"和产业升级代表企业——华利达，为我们很好地诠释了什么是知难而上，什么是迎刃而解。

越南，虽与我国一衣带水，但基础设施薄弱，办事效率也不高，这让以"勤奋"著称的中国人着实犯了难。创业要拼，发展得勤，华利达通过具有感染力的以身作则和团队建设，输出管理理念，输出核心技术，有效地将吃苦耐劳、勤奋敬业的企业精神传递给每一位越南员工。正如华利达（越南）服装有限责任公司越南管理人员阮高越所说："我也把中方的精神传达给越南员工，让他们学习，比如我们中国华利达一条流水线能做到台产 12 至 14 条，我们越南目前只达到了 60%，这个差距就在于员工的技能要慢慢提升，另外就是工作的辛勤付出，吃苦耐劳的精神也要向我们中方师傅学习。"华利达在越南实行了具有战略意义的本土化经营。那是 2017 年 2 月最冷的一个冬天，刺骨的寒风，不打一声招呼，便大摇大摆地钻进屋外人的衣襟，那是秋衣秋裤也挡不住的寒冷。谁愿意在这种夜晚出门？只需要

一则消息：原定一批进厂的货柜，意外晚点到达，便让华利达在越南的中方员工毅然离家，奔赴工厂，接还是不接，答案已然明显：接！人生总有意外，不必惧怕，况且意外时常也会伴随着惊喜。渐渐地，越南员工们也加入了这支"加班"的队伍，主动返回现场，与中国员工们一道齐心应对这场不失"美好"的意外。就这样，在这个"风雪夜归人"的夜晚，让我们看到了中越双方员工齐心协力的美好场景。

仅如此还不够，华利达还积极推动越南本地管理团队的建设。组织 79 名越南大学生和一线骨干到国内进行专业培训，推行师徒结对协议，实施中越语言互助等，使得越来越多当地优秀员工走上了生产管理岗位。至此，越方员工整体效率较 2018 年年初提高了近一倍，为华利达开好头、起好步，打下了坚实基础。金戈铁马的喧嚣，沙场点兵的豪情，只在那遥远的时节，可这种有志气的展望，却看今朝，方可明辨，华利达如是。我们常州的企业，正以一种豪迈之姿，直挂云帆，共济沧海，共绘蓝图，共筑辉煌。

当前，中国家居业三巨头中有两家出自常州。一家打造了"家居业＋服务业"的梦想之港，一家向世界输出了中国家居业连锁模式。巧合的是，他们的名字都闪耀着"星"的光彩。

从常州走出去的家居业"双星"模式

　　在常州，中国家居行业三大巨头中，有两家从这里走向了世界——红星美凯龙家居集团股份有限公司（以下简称"红星美凯龙"）和月星集团。

　　以星命名，必将闪耀。或是巧合，亦或是英雄所见略同，20世纪八九十年代，这两颗家居新星横空出世。风起云涌，常州工商业浩浩荡荡走过改革开放40年。这里是苏南模式发祥地之一，这里曾创造了"中小城市学常州"的辉煌，这里正在向"高质量明星城"嬗变。从成长在常州到走向世界，红星美凯龙和月星集团在探索家居业的发展历程中，创下了"双星"传奇。

» 破壳："匠"字在先，艺精于"钻" «

思绪回拨，1981年这个时间点仍让现年57岁的月星集团董事局主席丁佐宏心潮澎湃。那一年，他跟着师兄，带着"半副"木工工具（当时条件有限，他和师兄合用一副工具），从南通来到了常州。丁佐宏说："我有三个故乡，南通、常州和上海，只有常州是真正改变我人生的重要地方，没有常州，也就没有我的今天。"

初到常州，丁佐宏和师兄借住在师兄的叔叔家。后来，师兄跟着亲戚去了浙江做木工，丁佐宏被留在了常州。老一辈常州人叮嘱出门打拼的年轻人会说"识相"。没有客户，师兄也走了，识相一点，丁佐宏也应该离开叔叔家。走还是留，当时19岁的丁佐宏脸皮一厚，"赖"在了叔叔家。在叔叔家，丁佐宏洗碗扫地，样样勤快。没有这一"赖"，也便没有了现在的"月星"。

"天才是百分之一的灵感和百分之九十九的汗水。"现在，人们总会调侃这句话，百分之一的灵感甚至比百分之九十九的汗水更重要，而在丁佐宏身上，灵感和汗水一样都不少。叔叔家中有用不到的包装箱木头，他便拿来做另外"半套"木工工具。之前和师兄一起做零活，赚了十几块钱，十块钱让师兄带去了浙江，自己拿着五块钱去迎春市场上的香港摊买了刀片、锯片、推盘，终于把"吃饭的家当"配全，小丁师傅开始独立接活了。

脸皮一厚，丁佐宏留在了常州。脸皮再厚一厚，丁佐宏慢慢打开了客户市场。当时，他在常州只认识四户人家。于是，他主动上门拜访，阿姨叔叔挂嘴边，终于接下了第一个订单——做一个木箱。"当时那个高兴啊！"尽管丁佐宏现在是已经"中国民营企业500强"的掌门人，但谈起这个木箱他依然掩饰不住当年激动的心情。生意果然是"做"出来的，时间不长，隔壁的老太太也来找他装门。不抽烟，肯吃苦，小丁师傅给街坊领居留下了好印象。老太太便问他，会不会做时髦家具。"会的。"与生俱来的商业头脑告诉丁佐宏，这是不可多得的机会。他跑到了叔叔家楼下有一套捷克家具的人家里，希望这户人家能帮自己"圆个谎"，说这套时髦家具是他做的。女主人拒绝了，丁佐宏着急地说："不骗你，这套家具我真会做。"这时，女主人的儿子说，就帮帮小伙子吧。于是，丁佐宏领着老太太的二儿子来到了这户人家，看过家具实样后，二儿子便放心地把活交给了丁佐宏。

木匠之所以称为"匠"，考验的不仅是手上拿捏木头的功夫，更考验匠人心中对家具的美学理解。十天里，丁佐宏看完了最新的家具书，跑遍了家具市场，做足了功课。当时做整套家具至少要七八个木匠，但丁佐宏只有自己一个人。于是，他起早贪黑做了 36 天，做完了整套家具。邻居街坊来看了以后，都夸做得好看，主人家也很满意。办收工酒时，主人家给了丁佐宏 10 张 10 元钱，丁佐宏没有收。主人又加了两张 10 元，他还是没拿。他说："我的工钱是 2 元一天，一共 36 天，给我 72 元就好。"丁佐宏还跟主人家道歉，一开始他说了谎，其实没有七八个人的木匠队伍。"钱也不用多给，今后如果有客户介绍给我就好了。"

慢慢地，丁佐宏接到的木工活越来越多，后来也有了自己的团队。什么是市场经济？丁佐宏有自己的解读：要提供更好的服务，要为客户提供超值的消费体验，客户就会上门来找你。手艺好是基础，价格不高，就会有生意。于是，他在常州做木匠，一干就是 7 年。

那是慷慨的时代，机会无处不在。1982 年，红星美凯龙董事长车建新 16 岁，他毅然从初中辍学出来打工。当时没人会预想到，这一"辍"竟成就了未来中国家居零售行业"A+H"第一股。

车建新的父亲是泥瓦匠，父亲说："学木匠吧，在外面帮人盖房子，一家人可以凑对齐上。"比丁佐宏晚一年，车建新也走上了木匠之路。常州人有句老话叫"偷来拳头"，意思是说徒弟跟在师傅后面，不管是明地里还是暗地里，都要留心把师傅的本事学到家。在工地上，吃饭的时候车建新帮师傅打饭，休息的时候帮师傅搬凳子，下班后给师傅洗衣服、刷鞋子，农忙的时候到师傅家帮忙割稻子麦子。所有的师傅、师叔都很喜欢他，也很愿意教他干活。"因为我比别人腿脚勤快，勤能补拙嘛。"回想起自己少年时的模样，车建新还比较满意。

少年时的车建新有"英雄情结"，赵子龙、岳飞、戚继光这些风云人物总能让他内心感到热血沸腾。也许那时的他还不懂，因为他的心中装着星辰和大海，所以才会憧憬英雄梦。经过 30 年的打拼，车建新发现，父亲才是他心中最崇拜的偶像。在去年红星美凯龙家居集团股份有限公司正式登陆 A 股的那天，车建新说，能取得今天的成绩得益于自己是"富二代"。熟悉他的亲朋好友都知道，他的父母都只是普通工人。他解释道，家族的第一代创业者是他的父母，因为他们创出了车氏家族的精神：勤劳、正直、俭朴，也正是继承了这些精神财富，他才能创造出后来的物质财富。

天赋出众，勤奋加持。仅仅学了两年，车建新的技术就已经到了可以带徒弟的地步。年纪尚小的车建新把"踏实做一个好木匠"看作是人生中最大的目标。于是，

2006 年月星上海中环店、吴中店开店。

他努力打工，拼命干活，但日复一日的机械劳作，让他感到迷茫。慢慢地，他明白了一个道理：打工是永远不可能有出头之日的。这时，一个机会来到了这个心怀"英雄梦"的少年身边。

1986 年，车建新揽下了一个做组合家具的活儿。家具店老板给了他一张图纸，问他能不能做，车建新回答：能！但事实是他从没做过这种家具。于是，车建新拼命看书、看图，每天都在琢磨工艺。好学聪敏的他跑到当时常州最好的第一木器厂的车间里跟老师傅们学，还假装买主到家

具店里问这问那，回来就动手照着做。这是他人生中第一套独立制作的家具，也是他人生的第一个订单。车建新软磨硬泡借了姨父准备盖房的 600 元钱做本钱。这套家具当然没有难倒从小就爱创新、爱钻研的车建新。不到半个月，这套家具就卖出去了，第一笔生意让车建新净赚了 200 元，这对他来说将会是全新的开始……

» 生长：拔节抽锋，征服星辰 «

20 世纪 80 年代，苏南模式的劲风吹遍长三角地区，乡镇企业迎来了发展黄金期。就像一颗颗种子，它们吮吸着土壤中的养

分，生根发芽，拔节抽箨，在改革开放后第一批企业家的精心浇灌下，民营企业之林拔地而起。

1988年，丁佐宏开始了他的乡镇企业家蜕变之路。他花了3000元，注册了一张个体户营业执照。办证人员问："企业叫什么名字？"丁佐宏没想好。"要不就叫佐宏木器厂吧。"回去之后，丁佐宏反复思考，心想企业仅仅靠我个人是做不大的，要靠大家的力量，名字应该是好记好写，要象征着企业可以永恒生存，无限发展。当时，他租房子住在茶山戴家村。晚上睡不着，他跑到客厅，看见窗外挂着一轮明月，夜空中繁星闪耀。"就像月亮和星星一样，永远闪耀，就叫月星！"

8个人，24平米，6架头的厂房，月星的故事翻开了第一页。丁佐宏说，月星一路走来，一直都走得很硬气。当时，个体户是不诚信的代名词，但月星从来没有找过挂靠，也没有经过改制。丁佐宏身兼六职——厂长、工人、厨师长、采购员、销售员和财务，凭着手艺好、人缘好，带着月星木器厂越做越大。从茶山到农科院（现光华路），丁佐宏买下了4亩地，5间仓库，开始探索"前店后厂"模式，月星家居城由此诞生。通过多年经营，常州模式取得了成功。1994年，丁佐宏豪情万丈，决定北上，已经在常州取得成功的月星家

具大厦打入南京市场，标志着月星开始从家具制造向家具商贸业跨越。以常州为月，以沪宁线为星，月星家居城全线绽放，成为国内知名家居品牌运营商。1996年，月星家具集团成立，丁佐宏担任董事长。完成了第一轮资本积累之后，1999年，丁佐宏棋落上海，月星家居广场在澳门路开张。"当时在上海人眼中，只有淮海路、南京路、徐家汇才是商业中心，而我们外地人的看法却不一样。"从木匠到企业家，这一路，丁佐宏走得豪迈却也扎实。此后，月星集团的版图继续在全国不断扩张……

而在另一头，车建新也打开了新局面。从手工作坊做起，1988年，车建新拥有了自己的家具门市部，一笔500套的家具订单让他赚到了人生第一桶金——50万元。经过三年的成长，车建新不再满足于经营一家小门市。1991年，车建新投资100多万元创办了常州市及周边地区的第一家大型家具专营商场——红星家具城，1000多平米的家具城成为车建新日后创造民族企业传奇的开始。

打破固化商业模式，车建新自己建厂，自产自销。但随着小规模的门店越开越多，行业弊端也不断放大，比如管理跟不上、资金链经常吃紧、门店租金吞噬利润等，车建新开始感到焦虑迷茫。1996年，车建新第一次出国，当他在美国看到一座座巨

大的 "Mall" 时，心里一阵窃喜——这就是他的下一个目标。1997 年，肯德基在中国快速扩张。有一天，车建新 "赶时髦"，带大女儿去吃肯德基，突然蹦出一个想法：肯德基这样的餐饮业能做连锁，为什么家具业不能做连锁呢？在老商业人眼里，做连锁是件不敢想象的事情，但正是因为没有专门学过商业，车建新才跳出了 "套路"。他说："'自我设限'是创造的大敌，它像一片沼泽，让你陷在其中无法前进。如此下去，原有的能力将全部萎缩退化。" 2000 年，首个 "红星美凯龙" 品牌家居装饰及家具商场面世，创造了中国特色的家居连锁模式。之后，红星美凯龙走出常州，以上海为转折点，打开了全国市场。经过九代更迭，红星美凯龙成功打造出中国的家居业连锁模式，这一做法至今还在被其他行业学习和效仿。

红星美凯龙模式更提振了民族企业的信心。1999 年，英国最大的家居品牌百安居打入中国；2000 年，德国第一的家具企业欧倍德进入国内；2006 年，美国最大的家居连锁品牌家得宝也拿到了在中国淘金的通行证。世界家居三巨头，任意一个都完全有能力占领整个中国市场。面对竞争对手，车建新加快了革新与自强的步伐，提升品牌形象，改善家居市场。对商户，坚持优胜劣汰，不断引入好品牌；对消费者，不断提升服务和体验，赢得更多口碑。红星美凯龙一步步扩大优势，让外国品牌无机可乘。2012 年，家得宝黯然宣布 "关闭在华所有门店，全线退出中国市场"。百安居于 2005 年收购欧倍德在华业务，2014 年却被迫以 14 亿元低价卖出，彻底打道回府。谈及此，车建新总是充满自豪："如果没有红星美凯龙，中国的家居建材行业就会沦为他们的加工厂。"

» 突破：创新有道，各美其美 «

如何永远保持企业生命力是每个企业家一直在思考的问题，他们探索，他们失败，他们坚持，他们突破。2013 年是中国家居业的分水岭，消费对象的迭代、购物方式的升级，对传统商铺经营模式带来了极大挑战。在行业颠簸起伏中，月星集团和红星美凯龙却各自开辟出全新的经营模式。

"美好生活提供商"成为月星集团的核心定位。2013 年，上海月星环球港横空出世，为了打造这个家居行业中 "元老级网红"，丁佐宏花了十年。2003 年，轰动上海滩的那场土地拍卖直接催生了丁佐宏与月星更大的梦想——月星集团将由传统家居连锁企业向现代服务业转型。由此，巨大体量的城市综合体项目成为月星集团转型升级的关键一步。"当时我们选择这块地时并不被看好，很多好朋友都劝我，但是我却认为这块地是不可多得、不可复制的，因为它占据着上海地图的中心位置。"月星巨资拍下金沙江路上海老城区这块地时，当时都是近乎废弃的旧厂房。月星集团一位高层员工回忆说，拍卖过后来到现场，大家看着还没有完成拆迁的景象，完全猜测不到老板这一豪举意味着什么。只有丁佐宏站在那，对着那个地块的地图激情飞扬。

从那之后，丁佐宏带着自己的团队世界各地跑。2006年年底，丁佐宏前往英国时，偶然走进曼彻斯特的特拉福特购物中心。这正是他多年渴求但现实中却无法用言语表述的综合体样本，对美有着极致追求的丁佐宏被深深打动了。回到上海，他将先前已经开始的设计全部停止，义无反顾，一切从头再来。环球港一经亮相，便惊艳了全国。在人们欢呼丁佐宏创造了环球港奇迹的声音中，他依然在冷静思考如何经营好这个新生品牌。

2016年是月星集团大事件密集发生的一年。在电商风头正猛，实体经济遭遇前所未有挑战的大背景下，月星的环球港系列仍在按照既定的规划稳步推进。9月30日，总面积46万平方米的徐州淮海环球港开门迎客；9月16日，位于常州的88万平方米的江南环球港正式营业，再次创下

亚洲最大商业体纪录。上海环球港经过三年运营，目前商铺出租率保持在95%以上，人流量、租金、销售数据每年稳步上涨。2017年，国庆长假前三天，上海环球港人流41.2万人次，常州江南环球港37.6万人次，刚刚开始试营业的徐州淮海环球港也逼近30万人次。

2017年，环球港的版图扩大到沈阳和喀什。在中国零售业急剧分化的背景下，丁佐宏看起来运筹帷幄。他认为，千篇一律的重复和同质化引起的过剩是现在很多传统商业场所的弊病。全国各地不缺商业，缺的是与时代、与国际、与消费者接轨的商业。月星的环球港项目，从硬件上来说，每一个都是视觉上极具震撼效果、洋溢着华丽浪漫欧式风情的建筑艺术品，内在更是商业和文化结合的典范。

作为60后的丁佐宏，在用环球港为90后、00后创造着酷炫迷人的梦。"以文化服务市民不仅是企业责任所在，更能以此将环球港项目雕琢成一件精美的艺术品。我认为这件礼物是送给社会的，也是送给我自己的，希望最终社会能认同我们的做法。"

成为国内经营面积最大、数量最多、地域覆盖最广的家居连锁卖场，这一天，车建新等了32年。近年来，在车建新的带领下，红星美凯龙的发展态势依旧势不可挡。在A股3593家上市公司里，红星美凯

龙稳居前 100 名。红星美凯龙有自营商场和委管商场两种业态，60% 左右的收入来源于自营模式，30% 左右来源于委管模式。自营商场确保实现公司在战略地点的布局，及提供可预测的租金增长，委管商场则以有限的资本投入实现快速扩张。截至 2017 年 6 月 30 日，红星美凯龙在全国 150 个城市共经营 214 座商场，包括 69 家自营商场和 145 家委管商场。依靠轻重资产并行的"自营＋委管"业务模式，红星美凯龙实现了行业内连锁零售商场占有率第一，商场出租率在 96% 以上。

在探索经营模式的过程中，"内外兼修"是对红星美凯龙最直观的解读。把商场外立面做成兼具美感和辨识度的企业 LOGO，车建新再次开创了商业先河。同时，车建新顺应时代发展潮流，开通网上商城，塑造旗下细分领域品牌、线下体验式购物等，满足消费者需求升级。开一个赚钱的企业也许不难，但打造一个优秀的大国品牌必定需要远超常人的商业格局和时代使命感。车建新再次跳出"企业家"的局限，赋予了红星美凯龙两大使命。第一，以提升中国人的居家品位为已任，红星美凯龙不是卖家居，而是出售有品位的生活方式。第二，企业会对每个家庭的居家环保负责任。比如说，在环保监测上，红星美凯龙采取的是到工厂、仓库抽检，而现在国内很多行业还只是送检。车建新不断打破行业陈规，带领红星美凯龙攀登一个又一个看似不可能的高峰。

2015 年，红星美凯龙在香港联合交易所主板挂牌上市。2018 年，红星美凯龙家居集团股份有限公司于上海证券交易所主板挂牌上市，正式登陆 A 股。至此，红星美凯龙正式成为国内家居零售行业"A+H"第一股。车建新完成了从 600 元创业到拥有 900 亿元总资产的时代壮举。现在，他正在为梦想而战——打造中华民族的世界商业品牌。车建新说："现在在国外，中国只有像同仁堂、全聚德烤鸭店和一些中小餐饮品牌，但是没有大的连锁商业，我相信经过我们红星美凯龙人的努力，一定能做到。"

早在 2014 年，红星美凯龙就被哈佛商学院选为经典商业案例，作为全球商业精英的学习参考。探其究竟，红星美凯龙模式的精髓在于创新。车建新最初的名字不叫车建新，原名叫车建兴。这个"新"字是他自己改的，他说："我希望在某一天，我的墓志铭是这么写的——车建新是一位创新者，是时代的潮流者。之所以改这个名字，就是为了时刻让自己牢记创新二字。"

一颗月星，一颗红星，双星交辉，创造了中国家居行业的辉煌灿烂篇章。

丁佐宏，从木匠到月星造梦人，开辟

▲ 2019 年，常州红星美凯龙外景。

了"家居业 + 服务业"的新型商业模式。

车建新，从木匠到胡润榜巨擘，向世界输出了中国家居业大型连锁模式。

他们在常州开始了各自精彩的征程，而常州也为两颗巨星提供了实现梦想的厚土。

改革开放 40 年，他们用百分之百的灵感和百分之两百的汗水书写着中国家居业的传奇。走出常州，走向全国，两颗巨星耀眼光芒的背后是一代常州人波澜壮阔的创业史。未来，他们将继续征服浩瀚星空……

∨ 20 世纪 90 年代的义隆素菜馆店面。

解密常州餐饮的独门秘籍

常州旅游资源并不丰富，外地旅客有限，但经常家家餐馆爆满，店店食客如潮。常州人信奉"饮食为人生之至乐"的观念，追求美食，讲究美味，把提高饮食质量视为提高生活质量的基本要素之一，走出了一条独特的餐饮之路。

》改革开放后，常州餐饮百花齐放《

据《常州市商业志》记载：1978年全市共有餐饮企业82家，员工1759人，当时饮食服务业开始贯彻"面向大众，分级划类经营，发扬优良传统特色，适应多种需要"的经营方针；1980年，餐饮营业额1121.56万元，利润37.24万元，人均消费31.1元；1985年，市区饮食服务企业共计176家，其中全民所有制90家，集体所有制77家，职工3449人，营业额1674.99万元，利润113.53万元。

2018年，常州餐饮业实现销售总额（营业额）281.6亿元，同比增长13.6%。全市共有餐饮企业3万多家，其中中高档饭店近300家，三星级以上酒店41家（其中四星级18家，五星级6家），全国、省、市餐饮名店上百家，大中小型餐饮企业共同发展的多元化格局已经形成。四大菜系、八大流派，应有尽有；上万种菜式、数不清的小吃、火锅，琳琅满目；各类特色餐馆、主题餐厅遍布大街小巷；西式烧烤、牛扒比萨、日韩料理等异国风味层出不穷。

改革开放前，常州还没有餐饮方面的专业学校，而现在常州有4所学校开设了烹调、餐饮及宾馆服务专业，40年来为餐饮行业输送正规专业毕业生两万余人。常州市饮食服务业技术培训中心自1987年成立至今，也不断为餐饮行业培养、输送专业人才。截至2018年，已培养中级、高级餐饮技师

20世纪80年代的兴隆园菜馆。

和高级技师等级的中式烹调、面点、营养配餐、餐厅服务等专业人员 8000 多人，共计 27900 多名专业技术人员，培训食品安全管理员 1418 人。此外，常州市培养了中国烹饪大师及服务大师 35 人，江苏烹饪大师及服务大师 67 人。

品牌餐饮企业对常州餐饮业的贡献力日益增强。除了外地餐饮企业大量入驻常州外，常州本地品牌企业如常州福记、大城小爱、江苏华怡明都、常州饭店（广缘、家缘等）、常州九重天集团、江苏天目湖宾馆、溧阳新华厨餐饮、常州天成餐饮、金坛园林大酒店、常州紫缘大酒店、听松楼花园酒店、常州禧瑞都大酒店、常州新丽豪大酒店、常州银丝面馆、江苏菜根香等一批企业，引领着常州餐饮健康发展，打造了具有常州本土特色的餐饮文化名片。2018 年，常州白金汉爵等企业的开业，使得常州的餐饮行业更加多姿多彩。

》走出一条独特的常州餐饮之路《

常州餐饮原以淮扬菜为主，并产生了一批以常州饭店周文荣、九重天徐永庆为代表的烹饪大师级人物。20 世纪 90 年代中期，以福记的丰月琦为代表的新生代领军人物，大胆引进粤菜和港澳的餐饮管理服务模式，一举取得成功。与此同时，常州餐饮还大胆引进沪菜、杭帮菜和四川火锅等，中式快餐也得到了飞速发展，具有地方特色的天目湖

砂锅鱼头、溧阳扎肝、新北烤全羊和金坛农家菜也登上了大雅之堂，形成了常州餐饮百花齐放、百家争鸣的亮丽风景线。

激烈的市场竞争推动常州餐饮业逐步向规模化发展。常州具有代表性的大型餐饮企业有华怡明都集团（星级酒店 23 家、团膳 71 家）、天目湖宾馆集团、福记（大城小爱）集团、常州饭店（含广缘、来缘等缘字号企业）集团、九重天集团、文笔山庄集团、新华厨餐饮集团、天成餐饮集团、（新）丽豪大酒店和禧瑞都大饭店等企业，餐位都过千，并呈现集团化的趋势。规模化经营造就了常州餐饮市场的一些"巨无霸"，也促成了原有一些中等规模的餐厅向特色化经营方向发展。比如，听松楼花园酒店、紫缘大酒店、文笔山庄大酒店和金坛园林大酒店等，其服务对象定位为常州市中高档商务客人，生意也红红火火。天目湖宾馆则以溧阳天目湖鱼头为主打菜品，并逐步开发了天目湖鱼菜系列。肥牛餐饮也以川菜火锅经营为主，并开发了麻辣（五星肥牛）、特辣（辣子府）、微辣（打边炉）三个系列火锅，以适应不同人群的口味需求。溧阳新华厨、银丝面馆、迎桂馒头店、菜根香、马复兴及塘桥老哥等一批企业，则努力发掘地方特色菜肴（点心），将常州餐饮和城市文化相结合，走出了自己的特色之路。

经过多年的市场发展和竞争，原常州餐饮一条街（城中路餐饮一条街）、劳动西路——中高档火锅黄金圈、光华路——特色

餐饮一条街、新区板块——特色餐馆及连锁酒店、湖塘板块造就的"三条街两大板块"格局均因城市规划调整、停车难等问题，已呈现弱化，目前受人关注的是城市综合体的迅猛发展。华怡明都酒店管理公司、福记餐饮（大城小爱）、常州饭店（缘字号）、菜根香、银丝面馆和迎桂馒头店等大型餐饮企业成功扩张，均已经形成一整套的成功经营品牌连锁的经验。

为了更好地服务客户，华怡明都大酒店，创建了"亲情明都"服务品牌，这也是明都成功的秘诀之一，把客人当亲人一样对待，赢得了一个又一个回头客。细微之处见风范，毫厘之优定乾坤。近年来，"亲情明都"服务还在不断改进，各种服务微创新层出不穷。2018年，公司开展"亲情明都"再出发行动，制定了382条精细化超值服务内容，在连锁酒店中全面导入积分制管理。

一次，明都金龙大酒店5号包厢迎来了杨女士一家。服务员发现一行人中有一位女士带着几个月的小宝宝，便立即取来了宝宝椅、宝宝餐具。随后一家人开开心心地聚餐起来，不一会儿，服务员端上来一份水蒸蛋，杨女士一家忙说没有点这个菜，服务员解释到，这个是后厨为小宝宝专门准备的，没有放盐和味精，服务员走的时候还特意关照要等凉了再给宝宝吃。杨女士非常感动，饭店能主动关心顾客，实属不易。

明都集团总经理彭讯华则一直坚定地认为，有压力才有动力，创新是每一个企业勇立潮头的利刃。他积极投入并参与到每次省级、国家级餐饮比赛中，每次比赛都促使明都在菜品创新和品质坚守上不断前行。他一直坚信，做自己最擅长的事，全身心投入到菜品研究和菜色琢磨中，总会有回报。目前，明都集团在食品安全方面下了大功夫，和常州海关的下属企业合作建立了食品检验实验室，23家酒店的后厨、72家团膳的食堂都要接受严格的食品安全自检，在常州尚属首例。

"都说我们明都的菜肴好吃有秘诀，其实秘诀就是做事认真，我们的食材必须是经过精挑细选的，我们的鱼都来自千岛湖，绝对保证品质。现在我们还设立了全球食品采购中心，为了挑好东西，我们的厨师长跑遍了全中国，为常州市民挑选好的食材，现在市民不仅可以吃到全国各地的好食材，我们从国外也会进口好的食材回来。"彭总很认真地说到。

常州餐饮已然成为享誉沪宁线的一张亮丽名片，不管外部环境如何变化，常州餐饮都在高质量向前发展。2010年，经常州市工商联牵头，由市国税局、市地税局、市总商会餐饮业商会共同组建的"常州市总商会餐饮业商会纳税人之家"正式成立。税企共同组建的平台既为政府提供了宣传税务政策和服务企业的平台，也为企业反映合理需求提供了新的平台，"商会纳税人之家"为常州餐饮企业健康发展起了保驾护航的作用。为抵御餐饮企业各种成本上涨，餐饮商

∧ 1979年，兰陵饭店开业。

会在会长丰月琦和副会长们的共同带领下，先后与上海众美联、合肥食汇天下、常州凌家塘等餐饮食材平台建立合作，为会员企业降低采购成本，抵御物价上涨风险，发挥了积极作用。为使餐饮企业更好地发展，餐饮商会经常与会员共同探讨行业发展问题，并提出相关建议；用走出去、请进来的办法，学习外地经验，缔结友好商会，促使行业健康稳定发展。为弘扬慈善精神，餐饮商会开展献爱心送温暖的"温馨年夜饭"活动，到2019年春节为止，商会联合常州晚报共为常州（含金坛、溧阳）困难群众提供了年夜饭1500多桌，赠送年菜、年货红包等春节慰问用品价值500多万元，受益人员15000余人，为常州构建和谐社会贡献了一份力量。

》资源匮乏的三线城市，餐饮业缘何红火《

常州旅游资源并不丰富，外地旅客有限，但时常家家餐馆爆满，店店食客如潮，餐饮业如此火爆的原因何在？

常州是一个有着2500多年历史的江南文化古城，地处太湖流域，经济富庶、文化昌盛、教育发达、人才荟萃。常州人信奉"饮食为人生之至乐"的观念，追求美食，讲究美味，把提高饮食质量视为提高生活质量的基本要素之一。改革开放以来，常州地方经济蓬勃发展，国民经济综合实力日益增强，这也给餐饮业带来了巨大的商机。市政府特别重视和关心民营餐饮行业，因势利导提供方便，积极给大型和开拓型餐饮企业以政策上的支持，给餐饮业领军人物较高的政治地位和社会职务，以此激励民营餐饮经济健康发展，构筑和谐的餐饮投资环境，吸引了一大批有识之士积极投身餐饮创业。

常州餐饮企业的经营者们常常亲自挂帅，带厨师外出考察已成为他们企业日常经营管理工作的重要组成部分。厨师通过对其他饭店的名菜精品进行钻研总结，并根据本店的经营特色加以改良。投资创业的老板为一道菜、一席宴亲自远赴千里考察研究，资深餐饮前辈下厨与员工共同切磋，新入行的老板重金聘请高厨、引进技术，这早已成为常州各家餐饮企业的共识。

常州餐饮人具有超前意识，深刻地领悟并付诸实践。普通意识上的常规优质服务早已不是常州餐饮人的追求，而是追求一种创新、人性、亲情、美丽和高雅的个性化服务，这种追求不仅仅有服务的含义，更是一种尊重人的体现。在这方面，每家餐饮企业都有自己独特鲜明的服务风格与手段，常州的服务大比拼从此不断升级，并引起了社会的广泛关注。

常州大娘水饺速冻厂车间的标准化生产线。

常州餐饮在抓好菜肴质量和服务质量的同时，还十分重视硬件投入。企业根据自己的经营定位确立饭店装修装饰风格和设施设备档次，一些规模餐饮和特色餐饮都用心设计，不惜工本。紫缘公馆等众多饭店装饰豪华，但不落俗套，精心细巧，但不繁复。由于注重文化品味，能使食客在品尝美味的同时，也欣赏优雅的环境。

另外，常州餐饮特别注重行业自律。在地方行业组织的带领下，从经营管理者到厨师服务员都很注重自身学习，关心政治、关心社会，积极提高自身素质，保持和珍惜企业形象。由此筑起了常州餐饮产业的坚实基础，有力地震慑了那些靠价格战和不规范的竞争手段而搅乱市场、浑水摸鱼的外来投机者，为餐饮业的健康快速发展起到了积极的促进作用。

鲁迅先生曾经说过，民族的才是世界的，越是民族特色的越是国际性的，最能体现一个地方餐饮文化的，当数小吃。经过多年的努力，三鲜美食城的声誉不但得到了常州市民的赞誉，而且得到了众多知名人士、港澳同胞和国际友人的钟爱。在过去很长一段时间，能够品尝到一碗"三鲜馄饨"成了很多旅游观光团的固定项目。三鲜美食城起源于三鲜馄饨，始于民国初期，创始人是王兆兴师傅，他原为上海一家大饭店的厨师，通过实践操作积累了丰富的烹调经验，并在上海开一爿小吃店供应馄饨。抗战期间，他难以在上海滩立足，便回老家常州挑一付馄饨担以谋生计，开始在原人民公园门口设摊营业，由于王兆兴头脑灵活，供应的馄饨肉馅中有草鱼肉、虾仁和鸡蛋等原料，顾客品尝后入口鲜嫩、回味无穷，所以生意兴隆，三鲜馄饨的名声也越来越大。

三鲜馄饨经历了近百年的历史，经名师在技术上精心改进，不断提高，逐步形成如今"皮薄馅嫩、汤清味美、色彩悦目、营养丰富"的独特风味。从三鲜馄饨到三鲜"糊涂鸡"，三鲜馄饨也在历史的长河中改革创新。三鲜美食城董事长陆仁兴谈到如今商业模式的创新时说："新是和旧相对而言的，旧是传统，离开了旧，创新只是空中楼阁。" 26年来，他坚持品质不改变，产品中的人文情怀不改变，改变的是服务理念和经营模式。这也是三鲜美食城不开连锁、不接受加盟的最大原因。 保持原汁原味是很多地方特色小吃能够立于不败之地的最大原因。陆仁兴觉得很多地方特色小吃离开了人文环境，加大了工业化改造，反而丧失了地道的味道，做大做强不一定适合小吃这个行业，不能把传统的文化和品质丢掉。在日新月异的时代变化中，我们可以吸取西方餐饮行业好的经验。1993年肯德基进入常州，他发现西方餐饮行业中的优点和特色，回来后改变了三鲜馄饨的供应模式，从粗犷的大锅灶到一食一例，为每一位顾客提供托盘式服务，同时提供一次性碗筷和餐巾纸，提高了店堂里的服务质量。在菜品改良上，他也对品种进行了扩大，同时对馄饨的馅料做了延伸，开发了香菇、虾仁、韭菜和荠菜等食材，适合不同消费者的需求，同时在摆盘上也做了相应调整，一碗高汤馄饨配两只煎馄饨，让消费者有更好的体验。

大而全、全而精也是常州餐饮业的一大特色。曾经被誉为"常州餐饮一条街"的晋陵中路，福记、楼上楼、红宝石、张生记及三品苑等一批大饭店云集，其菜肴以淮扬菜、杭帮菜和粤菜为主。有"特色餐饮一条街"之称的光华路，拥有民族鱼舫、王胖鱼头、七鱼村、江南人家及湖边人家等风格各异、特色鲜明的饭店。在常州新区有杭州人家、上海人家、韩中阁、新江鲜楼、满堂红、菜根香和腾云酒楼等比较有规模和特色的饭店安营扎寨，福记也在此落户。在湖塘桥地区除了兰新大酒店、步步高大酒店等多家实力雄厚的饭店之外，还有外来投资的肥牛火锅、草原兴发涮羊肉及一些农家菜特色的饭店。劳动西路近几年也在不知不觉中形成了常州火锅黄金圈，在兰陵与广化街头出现了如紫缘、凯悦和状元楼等风格各异的餐馆酒楼。此外，大街小巷星罗棋布的小吃摊、夜排档，满足夜生活的人们，肯德基、麦当劳、巴西烤肉、意大利比萨和日韩料理等数十家域外风味也进入了常州。每天早晨出现在市区的300多辆亿家乐早餐车解决了部分市民的早餐问题。可谓百花齐放、各领风骚。

在第一轮常州餐饮品牌战略中脱颖而出的福记集团、常州饭店和上海酒楼，其规模都在2000个餐位以上，其中福记集团餐位达到5000多个。在他们的带动下，常州餐饮业形成了企业间相互促进、共同发展的良性循环，菜根香、川良美食城及红宝石等一大批餐饮企业在品牌战略的实施中，基本上完成了企业形象与品牌定位的基础工作，正在成为中国餐饮业的品牌企业。

在常州这块餐饮业的热土上，除了正餐以外，还有中国的两大快餐品牌——丽华快餐和大娘水饺。作为中国最大规模的专业送餐公司，丽华快餐已在北京、上海、大连、南京、郑州、长沙、苏州和无锡等城市成功开办了多家快餐连锁店，并积极走科技发展之路。连锁店同样达到80多家的大娘水饺，近年先后在印度尼西亚成功开店2家、澳大利亚开设了1家连锁店，将中国传统食品、现代快餐管理模式和品牌优势结合，在中餐国际化的道路上迈出了重要的一步。

"丽华丽华，快餐精华！"

老常州人对这句朗朗上口的广告词应该不陌生，对"8811711"这个电话号码更是非常熟悉，这就是丽华快餐最早的订餐电话。从1993年4月8日，丽华快餐成立以来，到现在发展成为四、五千人规模，横跨北京、上海、广州等7个城市的大型快餐企业，董事长蒋建平励精图治，兢兢业业，一路走来，倍感欣慰。他坦言："丽华这么多年，只为做好一份盒饭。"

站在历史的高度，丽华曾经也是"时代的弄潮儿"，伴随着经济时代的快节奏发展，以及20世纪90年代摩托车的迅速普及，蒋

1996 年，丽华快餐第一家连锁店常州火车站分公司开业。

建平发现了其中的商机，从事养老院服务的他推出了最早的送餐服务，也开启了最早的"外卖"模式。"一个电话就是一份合同"，无纸合同刚刚推出来时也受到不少消费者的质疑，但是丽华快餐一直坚持诚信经营、艰苦创业，在多年的市场竞争与历练中洗净铅华，坚持质量第一、品质优先、服务上乘的三大特色，很快从快餐行业中脱颖而出，占据了常州快餐业的第一把交椅。

发展初期，丽华快餐要求每个送餐员不管多辛苦多累都必须把快餐交到消费者手中，当时常州很多高楼都没有电梯，需要送餐员一层一层地爬，但是蒋建平规定公司的每一个送餐员，不管多少层楼，都必须把快餐送到客户手中，"客户是上帝"这个原则是他给每一个员工制定的必须遵守的规则。

用科技的理念注入传统的饮食文化，要引导消费者从饮食误区中解脱出来，开创出适合大众的营养型配餐，赋予更多人科学消费、科学生活的理念。丽华快餐投入几百万元的研发资金设立了化验室，每一样食品材料的采购环节都必须经过这个化验室，对每一样菜的化验数据和细菌总数都严格控制，从菜品的源头确保了食品的安全和质量。

如果说，以餐饮集团为代表的常州餐饮业做的是创业兴市、回报社会的大事，那丽华快餐、大娘水饺做的是餐饮报国的大业，他们的成功为本来就富有传奇色彩的常州餐饮业添加了更加丰富的色彩。

就这样，常州的餐饮业在没有得天独厚条件的情况下，杀出了一条血路，不断开辟着自身的独特发展之路。

梦想起航的地方

　　大众创业，万众创新，是发展的动力之源，"双创"对于推动经济结构调整、打造发展新引擎、增强发展新动力、走创新驱动发展道路具有重要的战略意义。常州科教城作为常州市产学研结合、高科技产业发展、科技自主创新的先导区，不仅拥有众多高新科技企业，还有六所高等职业院校，为"双创"带来无限生机和可能。

　　在这里，有人实现了梦想，有人成就了自我，有人到达了人生巅峰，也有人风雨前行，永无止境。

　　近年来，大众创业、万众创新蓬勃兴起，催生了常州数量众多的市场新生力量，常州科教城，正沿着一条名为"新技术、新业态、新模式、新消费"的道路砥砺前行。

» 天正工业：勇于创新，做穿透云层的那束"光" «

也许最初的创业目的是为了成就自己的梦想，但后来张翀昊在巅峰时期转型则是为了帮更多人成就他们的梦想。

作为一名海归创业者，张翀昊曾在欧洲国家实验室从事了 8 年的激光设备研发工作，于 2013 年回常州创办了常州天正。经过不到 5 年的时间，天正第一期注册资本的 10 万元，现在发展为销售规模 5 亿元、净资产 2 亿元、总资产达 4 亿元的大型企业，一路走来，风光无限。

刚刚落户常州，张翀昊从事的是激光装备业务，短短 3 年就做到了华东地区的细分行业龙头，服务 4000 多家工业客户。

"我们的客户，80% 都是中小微企业，普遍资金紧张，购买设备有欠款是很普遍的现象，很多生产企业往往是一边干活一边还我们的设备钱。公司迅速扩张过程中的财务压力特别大，甚至影响到了公司的发展。当时，特别想帮助这些中小企业，当然也要解决公司的财务压力。"

在创业 3 年后，因为目睹了大量中小客户融资困难，张翀昊义无反顾，重新组织团队与资源，开始研发专门针对中小微工业企业的征信服务，希望解决中小微工业企业的燃眉之急。"大家都在说制造业中小微企业融资难的问题，但是很少有人定量分析过。"张翀昊解释道。通过对国家统计局和其他公开数据的初步判断，

他发现国内大中型企业资产负债率平均在 50%~70%，制造业大型企业的资产负债率在 45%~60%，而国内中小制造业的资产负债率平均只有 3%~8%。"整个资金量是非常缺乏的，也缺乏融资和贷款的渠道。"

他带领公司技术团队，依托天正工业的客户与数据积累，在综合了中小微工业企业的生产数据、行业特征等多维度参数的基础上，开发出了一个独特的企业信用评价工具——生产力征信模型。这种模型能在脱离财务数据的前提下，准确评估工厂的现金流水平，为银行等金融机构提供有价值的参考数据。天正工业开创的"工业互联网＋生产力征信"模式，为中小微企业打开了"工业金融"的新通道，使原本难于融资、贷款的中小微企业，迅速获得了资金来源，能够更快、更好地进行产能升级，实现创业梦想，从而达到行业与个体的双赢发展。这就相当于给中小微企业的每台设备都装了一个智能手机，其生产数据源源不断的进入征信平台。由此，常州天正成为省内著名的工业大数据征信单位，也是全国知名的工业大数据金融服务单位。

目前，天正工业的征信服务已经扩展到多个行业，覆盖企业超过 2 万家。借助天正的平台，前后有 2000 多家中小企业，成功获得了 20 余亿元的授信与贷款。

∧ 美淼大厦

》美淼：用责任和担当推动中国水产业进步《

　　"中国是一个水资源丰富的国家，也是一个水资源极度匮乏的国家，水资源分配不均是重大问题，我们经常可以从电视中看到很多地区的孩子都生活在贫瘠的土地中，喝着强碱重金属的水，每每看到这样的场景，都让我潸然泪下。"沈敏回忆起自己创业的初衷时，说了以上这段话。

　　2009年5月，年仅30岁的沈敏作为

常州领军型创新创业人才从日本归国，在科教城白手起家创办了江苏美淼环保科技有限公司，一手打造了水处理"美淼中国"品牌。公司致力于高性能膜材料以及膜组件研发，生产解决饮用水安全的各类水处理产品和装置，以及基于物联网技术的智慧水务系统研发，是一家科技、绿色、智慧的高新技术企业。公司从最初3人研发

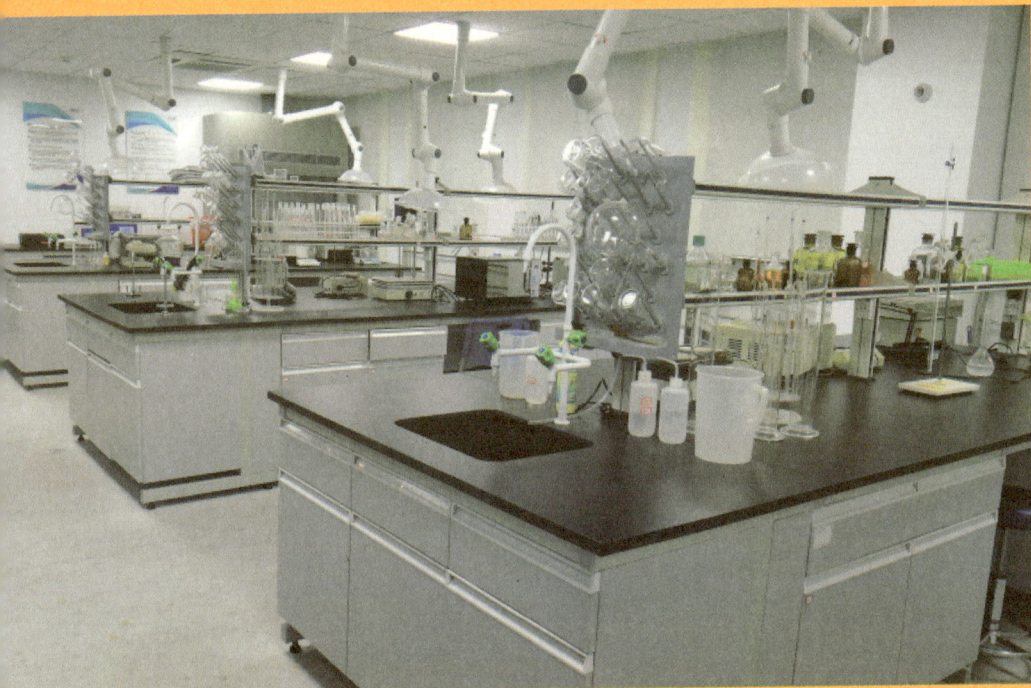

∧ 检验检测中心拥有国际领先的仪器设备。

实验室发展至今，已经拥有 200 名科技人员团队；从租用 150 平方米的厂房起步，到 2015 年在科教城投资 2 亿元建设美森科技大厦。一路走来，美森成了沈敏最出色的孩子。

最初，在沈敏 2 年的军旅生涯中，他发现很多保家卫国的战士可能因为地理环境原因和条件限制，只能喝上质量很低的雨水和河水。当时他萌生了一个信念：致力让每个人都喝上一口最纯净的水。

沈敏不断开拓创新，不断带领着美森技术研发团队，从化学、材料、环境、信息控制等多个领域入手，致力于以膜材料为核心技术，针对饮用水安全领域展开创新研究。过去 3 年，美森已为 150 万城市居民以及 300 多万农村百姓解决了饮水问题。

除了立足本职提供优质饮水设备，公司还积极投身公益事业，参与了盐城水污染治理、新疆农村饮用水治理、汶川抗震救灾等重大事件，建立节水和水安全教育示范基地和水科技馆，更好更大范围推广安全饮水理念，解决民生饮水问题。沈敏和公司以科技为核心竞争力，在中国打造围绕水问题的全领域产业，立志成为国内首屈一指的饮水安全企业。

"未来 10 年、20 年，是属于我们这一代年轻企业家的世界。要担起这份沉甸甸的责任，就要静下心来、放下身段，朝着自己的梦想执着前行。创业的机遇很珍贵，梦想激励着我们不断前行的脚步，企业家要学会传承、敢于创新、勇于担当，一定要有梦想。"沈敏说。

» 铭赛科技：系出名门的工业机器人生产商，破釜沉舟谋转型后跃上发展新平台 «

翻开曲东升的履历，有着截然不同的两段时光，而立之年活跃在哈工大的学术讲台，而立之年后游走于智能机器人风云变幻的市场。从学术象牙塔来到红尘滚滚的市场，这种变化和转折，对于曲东升来说，容易吗？

与梅并作十分春：产学研的春天来临

留校任教的曲东升怀抱理想，满腹经纶，在学术领域和课堂讲台专心任教，诲人不倦。然而，随着教学活动的展开和研究工作的深入，曲东升渐渐发现，书本从来都不会教人去怎样使用知识，科学研究和技术产业化完全是两码事。"我们常说，科学技术是第一生产力。其实，准确地说，应该是转化到生产领域的科学技术才是生产力。"曲东升有了如此深刻的体会，在高校做科研项目是为了给整个行业未来三五年的发展提供一个方向上的指引，而要实现专业前沿技术的实际应用和自主科技创新，仅仅靠从书本到课堂，从课堂到实验室，基本上是缘木求鱼。"我认为只有将知识转化为产业动能，才是现实的问题。"于是，1999 年，曲东升在哈尔滨成立了哈尔滨工业大学博实精密测控有限责任公司，主要从事微驱动机器人、教学机器人、机器人运动控制系统等产品的研发生产和销售。不过，那时的公司客户主要以国内的科研院所和大学为主，产值每年都在 600 万至 1000 万元之间徘徊。2006 年，针对国内电声电子行业市场对工业机器人的巨大需求，曲东升又成立了哈尔滨铭赛科技有限责任公司，主要从事工业全自动点胶机器人及生产线、工业精密自动化装配的研发和销售。到 2008 年，这个公司的产品累计销售额已经超过 500 万元。

为有源头活水来：知识与市场的联姻

世间的理想机遇好似源头活水无处不在，可是只有时刻做好准备去寻觅机遇并适时地抓住机遇的人，才有实现自己的理想和抱负的可能。2008 年的早春三月，哈尔滨还没有脱去冬装，江苏省常州市的党政企业代表团趁着早春的清新来哈工大考

察。曲东升的机遇就这么说来就来了，在与代表团的交流中，满心干事和专心创业的曲东升被常州市政府和科教城对高新科技的渴望和对科技人才的期盼所触动。为了更深入地了解常州的创业环境，曲东升特意前往当地作了一番考察。常州这个有着悠久实业传统和永远充满活力的江南城市，具有良好的科研环境、深厚的工业基础和广阔的发展前景，这让曲东升感到无法阻挡的吸引力。他果断坚定的个性促使他没有犹豫，在短短一个月的时间内，就

∧ 2019 年 3 月 20 日，铭赛科技参加上海慕尼黑展会。

举家南迁，来到常州。在常州市政府和常州科教城的热心支持下，曲东升在常州成立了常州铭赛机器人科技有限公司，他的团队核心成员也一同来到常州。

虽然曲东升有丰富的专业知识储备和管理企业的经验，但是他在常州面对的，可能是硝烟弥漫波谲云诡的真正的"战场"。创业的艰难在此刻，已经不是一句诗化的语言，而是摆在他面前的一道现实"大餐"，能否吃得下去消化得了，性格

坚毅的曲东升心里也有些打鼓。仅仅200平方米的简陋实验室，捉襟见肘的启动资金，7个人的游击队式的小团队，这就是创业的家底。曲东升没有气馁，更没有鸣金收兵，他用东北汉子的豪迈与勇气和专业学者的冷静与自信，影响着他的这支小团队，也为自己继续前行增添了力量。那时候曾经有许多人都认为，曲东升一个博士，虽然有学问，可是干企业肯定不行，吃不了那份苦。曲东升这个一路顺风顺水

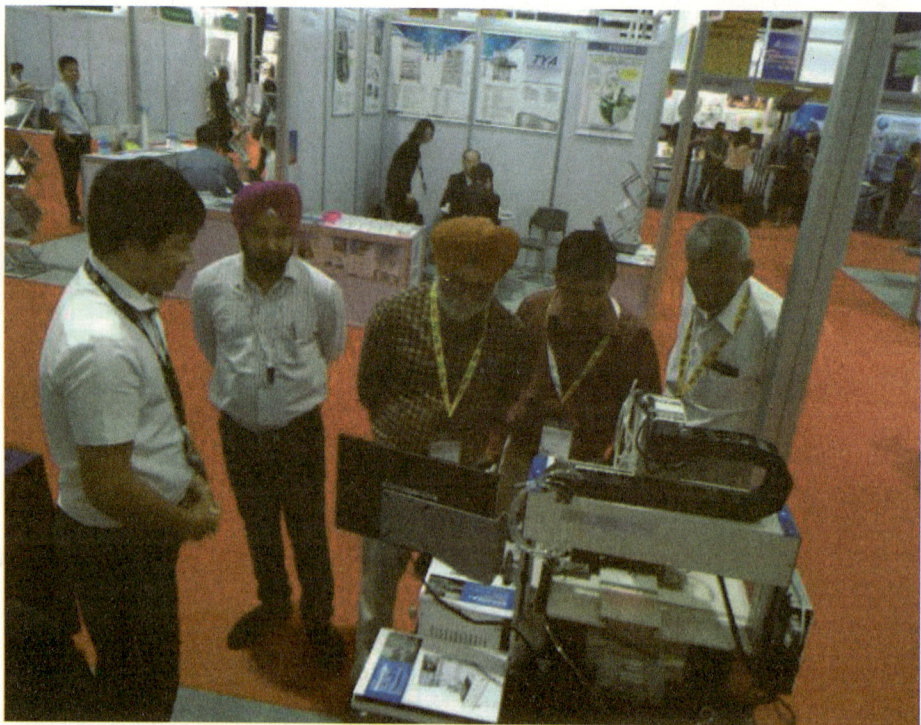

∧ 2017年，铭赛科技参加泰国展会。

走来的学者，此刻也有些体会到人生的艰难坎坷，不过很快，他就把那些评价甚至揶揄当成了能量和动力。

打开常州铭赛的时间表，曲东升只用了两三年的时间，就带领着他的企业迈进高新技术企业和江苏省两化融合试点企业的行列，随后他的产品被列进"国家火炬计划项目"，成为"国家重点新产品"。也就在那个时候，趁着源头活水的潮流而大张旗鼓的曲东升，有了一个上百号人的团队，有了一个属于自己的"据点"——哈工大铭赛科技大厦。经过艰辛的努力，曲东升站稳了脚跟。

劝君更尽一杯酒：迎向风雨见彩虹

山穷水尽疑无路，就在曲东升春风得意马蹄疾之际，一个不大不小的成长瓶颈悄然来临。任何企业在初期扩张时，都会很快遇到发展的瓶颈，常州铭赛也不例外。2014 年到 2015 年，由于产品种类的拓展，常州铭赛虽然在市场多元化方面做得出色，但是多元化带来了市场定位的不确定和小客户数量的增加，加大了铭赛的投入资金、营销成本和生产成本，铭赛有了"三高"。此刻的曲东升真正遇到了创业以来的困难，也就在这个时候，他自己的身体也有了"三高"。

个性坚定的他是不会一遇到问题就退缩的。曲东升在思考，如何解决企业的"三高"和自己身体的"三高"。一个偶然的机会，他的一位朋友建议他去跑步。于是，他抱着试试看的态度，开始了跑步锻炼。开始的艰难和突破身体极限的轻松，使他反而迷上了跑步，很快他就养成了每天五六公里的长跑习惯。不久，马拉松运动里有了一个脚步坚定方向明确的身影，从常州马拉松到宁夏马拉松，再到杭州马拉松，甚至日本东京马拉松，这个身影不断闪现。

上将拥旄西出征，平明吹笛大军行。马拉松运动让曲东升甩掉了身体"三高"的包袱，也让他甩掉了压在心头上的阴霾。曲东升大刀阔斧地改革了铭赛的经营方向，明确了产品研发的目标。迈过了发展瓶颈这道坎，曲东升的铭赛又恢复了市场活力。为了让铭赛更加规范，2016 年，曲东升带领铭赛进入新三板，正式改制为"常州铭赛机器人科技股份有限公司"。2018 年，公司销售已突破亿元，曲东升还将带领团队致力于个人媒体终端关键部件及半导体领域的连接、装配、检测等自动化解决方案的研发、生产、销售。

下一个 10 年，铭赛通过自身不断努力，将成为个人媒体终端产品核心部件及整机装配自动化设备的领导者。

》梁磊：智能测量终端的技术革新《

2018 年 8 月 29 日上午，第三届"中国创翼"创业创新大赛江苏省选拔赛暨"创响江苏"创业创新大赛在扬州市圆满落幕。经过现场的激烈角逐，"智能测量终端与物联网测量系统"创始人梁磊获得创业组冠军。

站在领奖台上的这个戴着金丝眼镜的大男孩，说了一句这样的话："我走过很多路，吃过很多苦，遇到过很多人，始终不放弃最初的梦想是我们这代创业者为之奋斗的初衷。"

梁磊曾经是梅特勒－托利多称重设备有限公司的全球项目经理，在别人的眼中，是个标准的企业金领，但是他却放弃了令人羡慕的年薪，只为打造自己的梦想，义无反顾选择创业。

梁磊在物流仓储行业做了很多年，有一次，他去国外一家企业参观，发现人家的包裹在过称重仪的时候，只经过一次扫描，货物的长宽高、重量和体积全部都可以测量出来。而在国内，很多物流企业在为企业运输货物的过程中，依然采用最原始最粗笨的方法，就是用钢卷尺量，然后用笔记录，再手工录入电脑，

∧ 2018 年 11 月，磐石电气参加上海国际物流技术与运输系统展会。

从而得出每件货物的测量结果，这样的方式不仅费时费力，还增加了很多物流企业的成本。

"如果有一种能实时读取钢卷尺有效测量长度，还自动记录的设备，最好具备智能接口用以数据传输，并可将数据按照客户的要求存储并处理，就可以解决客户的痛点。"这就是梁磊最初的创业点。2016年，梁磊在科教城大创园创办了磐石电气（常州）有限公司，专门研制智能激光测距仪器。

公司成立时，一共只有2个人。创业后他才发现，这是一场心与志的修行，需要莫大的勇气和毅力。要做研发，需要专业的研发人员，需要专业的研发设备与测试仪器，这些有吗？没有！有启动资金吗？也没有！梁磊就调动身边一切可以调动的资源，请曾经的同事在业余时间帮忙，请供应商帮忙，请在读的研究生朋友帮

忙。元器件一个一个自己焊接，产品外壳用3D打印机制作，不合适的地方自己动手用刀修整，就这样实验一个一个地做下去，样机一代一代地做了出来，软件一个版本一个版本地测试。"技术的革新，总得有人去做，像现在的电子称替代传统的机械秤一样，钢卷尺的智能化升级为什么不可以从我们开始呢？"

"我们身边很多东西都是从无到有，做别人没做过的东西，才有价值。稻盛和夫说过，商业的本质就是利他。只有通过服务于他人，真正为客户解决问题，才能给自己带来真正的商业价值，我们的产品具备这样的价值。"

市场，给出了答案。

目前，公司产品已经正式量产，2018年1月就获得20万元订单，他们的设备，卖给了中国邮政、顺丰速运，甚至卖到了美国与新西兰。

》闫朝恒："豆腐"界的钻石王老五《

常州大街小巷中，各个菜市场都是人头攒动的地方，每天早上都有很多人去逛菜市场，豆制品应该是常州人餐桌上一道美味佳肴。有一个人凭着豆腐做到了整个常州的第一把交椅，从"琼玉"到"壹明唐"，从常州到江苏，从江苏到全国，从

国内到国外，这些荣誉的背后有个默默付出的年轻人——闫朝恒。

"做豆腐不容易，每天起早贪黑，披星戴月，没想到大学生会来做豆腐，能吃得了这个苦真是挺不容易的。他好像永远都不用休息，经常早出晚归，为了一个产

∧ 壹明唐参加 2019 年长沙展会。

品，就要琢磨很久。"这是豆腐店店主吴金梅对闫朝恒的评价。

闫朝恒，这个从连云港考入常州轻工职业技术学院国际贸易专业的农村小伙子，摆过地摊，送过快递，干了20多个行当，却走上了一条和"豆腐"结下不解之缘的道路。

大学期间的一次机缘巧合，闫朝恒加入了常州豆制品协会，没想到这却燃起了他对食品行业的巨大热情。他发现，绿色食品是一个比较有爆发力的领域，食品行业做成百年企业的可能性要比其他行业大的多，于是他下定决心要在食品行业深耕。大二期间，在常州市豆制品协会换届会议上，他本不属于参会人员，却凭借自己的多元复合发酵豆腐专利参加了会议。快毕

业时，闫朝恒做了一个大胆决定，拿出所有创业积蓄，加上170万元高息贷款，收购常州本土豆腐品牌"琼玉"。

接手琼玉豆腐后，闫朝恒随即进行了大规模的市场调查，他发现大众对健康食品的需求日趋迫切，现做现卖豆制品在商场超市以及菜市场中尚属空缺产品。于是，他改进了琼玉豆腐前店后厂的经营模式，一天跑十几家菜市场发展加盟商，短短一个月就跑遍了常州的菜市场。同时他专注于做两件事，一是花大力气、大成本确保食品安全，二是进行公司管理改革，小到加盟商的服装，大到加盟店选址，他都一一过问。艰辛努力获得了回报，琼玉豆腐获得了飞速的发展，从接手到2015上半年，经过不到一年的时间，连锁店已经

从当初的 50 多家发展到了 240 多家，遍布上海、苏州、无锡、常州、南通、连云港、贵州等多个地区。

成功并没有阻挡闫朝恒逐梦的脚步，他在 2016 年创立了豆腐连锁品牌"壹明唐"，以现磨豆腐连锁经营为业务主线，解决了连锁豆制品企业不现磨，现磨豆腐不连锁的市场问题，通过构建生态供应链系统、标准化门店运营体系及有效品牌推广系统，形成了核心的资源及优势。

闫朝恒严控选材、工艺这两大重要环节，保证豆腐足够安全、新鲜。他高价收购了独特的辅料配方，并与农科院合作开发升级产品，使"壹明唐"豆腐的质量标准高于国家标准。用 28 道工序控制整个生产流程，其中温控、时控、力控、量控在生产过程中会重点掌控。他坚持"壹明唐"豆腐产销时间严格控制在两小时以内，两小时内未销售出去的产品，均处理给养殖场，不再进行售卖。

2018 年年底，"壹明唐"加盟店及直营店总数达 600 多家，年营收入达到 7000 万元以上，带动就业 5000 余人。

梦想还未止步。2018 年，"壹明唐"重新定位，并塑造"供应链 + 门店运营 + 营销推广"三核驱动优势，确立了依托"壹明唐"资源，打造"1+N"非遗餐饮品牌孵化的商业模式。该商业模式确立以后，已成功孵化"横山桥百叶""豆市河"等多个新品牌，目前还储备了近 10 个新的餐饮品牌。

"如果没有豆腐，我的理想怎么实现？创业的道路是艰辛的，但是回头看，能够坚持也是一种快乐。"面对大伙"为什么选择豆腐做创业项目"的提问，闫朝恒风趣而又坚定。

在科教城里，这样的企业千千万万，每个人都在按照自己的方向全心投入，真诚付出。科教城高职园区大学生初次就业率一直位居全国前列，目前每年高职园区毕业生 2 万多名，其中 40% 留在常州就业，园区高职大学毕业生连续10 年就业率在 98% 以上，涌现出了邓建军、王辉、闫朝恒等"双创"典型，被誉为"银领摇篮"。

当前，科教城发展进入新阶段，将按照高质量发展的新要求，深入践行新发展理念，科学系统谋划，明确发展定位，加快培育新技术、新模式、新业态、新产业，全面提升自主创新、开放创新、协同创新、融合创新能力。大力培育机器人、人工智能、新一代信息技术等未来产业，大力发展总部经济、平台经济、楼宇经济，加快建设"国际合作、创新研发、成果转化、创业孵化、人才集聚、产业培育"六个新高地，努力将科教城打造成为"国际合作先行区、科技创新引领区、创业孵化集聚区、产教融合示范区"，成为"苏南国家自主创新示范区排头兵"和"常州高质量发展走在前列新引擎"。

精神篇

　　从推动中国由落后走向工业化、由封闭走向全球化的常州名士，到"苏南模式"常州板块的企业群体，再到弄潮社会主义市场经济的常州民营企业家队伍，"勇争一流"成就了广大常商的务实善为，"耻为第二"培育了常州企业家精神的核心动力。

∧ 盛宣怀（前排右二）

深耕实业创奇迹

　　精英治政、乡绅治市，是中国古代社会数千年的传统和特色。常州儒商敏锐捕捉商机，主动变革尝试，以发展实业带动社会革新，推动了常州工商业由近代向现代的转型。

常州这个地方，自清朝中后期开始，逐渐受到西方文明影响，许多有识之士为了实现富民强国，为了自身的生存发展，或兴办新式教育，出版书报杂志，启迪民智，移风易俗；或开办实业，发展民族工商业，增进民生幸福。在他们的努力下，常州经济领域有了重大变革，近代化之路，特别是近代工业化之路，迈出了艰难的一步。

从清代中叶起，常州就是江南重要的纺织品集散中心，地方上有许多纺织印染作坊和做纱布生意的商人，农村妇女大多会手工纺纱织布。20 世纪初，外国资本和洋布进入常州市场，常州土布销售几乎停滞，生产萎缩。土布业主为求生存，逐步革新生产工具，试办工厂，与洋布竞争，常州的近代工业艰难启程。

1906 年，吴幼儒等人创办晋裕织布局，生产的土布产品质量好，畅销各地，引导了本地许多纺织印染作坊向工厂化方向发展。1913 年，奚九如、龚瑞冀等人集资 1.5 万元创办厚生机器厂，当年制造出一台 8 马力的柴油发动机，成为国内较早生产内燃机的工厂之一，开了常州机械工业的先河。期间，粮油加工逐渐由手工劳作发展到以柴油机作动力，用工厂化方式生产。

第一次世界大战爆发后，由于欧洲列强忙于战争，放松了对我国的经济掠夺，常州的工业出现了第一次发展高潮。老厂在此期间获得很大发展，并涌现出大批新厂。在纺织行业，新开了许多机器织布厂、棉纺厂、机器并线厂、毛巾厂；在食品加工业，出现了一些规模较大的面粉厂和油厂；在机械行业，出现了十多家生产发动机、小马力内燃机、戽水机、碾米机、榨油机的工厂。1919 年，常州的机器厂制造的发动机除在国内销售外，还出口到东南亚。1921 年起，由于欧美各国的商品卷土重来，使常州的工业发展遭受重创，先后有几十家企业破产，留存的一些企业也是勉强维持。1931 年"九一八"事变后，全国掀起了抵制日货、购买国货、兴办实业的高潮，常州各家工厂纷纷增添机器设备，工业再度复苏。到 1937 年前，常州的纺织、机械、食品等工业已具相当规模，如棉纺印染业有染织布厂 40 多家，纱锭 6 万多枚，布机 7000 多台……这个时期常州工业的发展，被著名经济学家马寅初誉称为我国民族工业发展史上的罕见奇迹。

一项事业的成功取决于诸多的因素，但其中人的因素是诸多因素中最重要的因素，人主导着事业的成功与失败。回顾常州近百年的工业发展史，我们不能忘记那些曾经为之打下第一批基桩、创出奇迹的人们。同时，我们也不能忘记那些敢立潮头，以"联络商情，保护商业，开通商智，维持公益，承上接下"为宗旨，推进常州成为我国近代民族工业重要发祥地的组织常州商会的人们。

启动：宏图在胸，厚积薄发

鸦片战争打开了中国的大门，在外国资本的强大压力下，常州实业人士奋起应对，积极主动向西方学习，努力改进技术与管理，开拓外销市场，谱写了民族工业顽强生存的奋斗篇章，他们用智慧和胆识共同奠定了江南近代工业的基石。这一时期，常州是中国民族工商业发祥地之一，以经济发达、工商比翼著称。1906 年，吴幼儒创办常州第一家纺织工厂晋裕布厂；恽祖祁创办常州第一家银行和慎商业储蓄有限公司；1913 年，奚九如创办常州第一家机械厂厚生制造机器厂；1913 年，张赞辉等创办常州第一家电力企业武进振生电灯公司；1916 年，蒋光祖创办常州第一家动力纺织厂大纶机器织布厂；1930 年，刘国钧创办大成纺织染股份有限公司第一工厂，8 年间发展到 4 个厂。常州支柱产业的发展，驱动了资本投入，带动了金融业发展，钱庄、票号等金融机构相继出现，为常州各行业发展提供了资金周转保证，而二者相辅相成，又促进了金融业迅速成长成为重要产业。1919 年，中国银行、交通银行、上海商业银行等相继在常州设立分支机构，

开展金融业务。

光绪年间，历史悠久的常州梳篦业再度振兴，小规模梳篦作坊增加到 50 多家，年产梳篦 150 余万张。清朝末年，随着生漆胶合技术的发明和产品出口，常州梳篦多达 200 多个品种，除在国内销售外，还远销美、英、日、德、加等 20 多个国家，先后 12 次获得国内外奖项。1915 年，首获美国费城巴拿马国际和平展览会银质奖；1926 年，又获美国费城国际博览会金质奖。

清朝末年，面对外强入侵，中国有一批先知先觉的思想启蒙者应时而起，他们从常州学派 "经世致用" 的主张中受到启发，吸取营养，成为时代豪杰。从常州望族走出的盛宣怀，就是当时洋务派的急先锋和传奇人物。

盛宣怀青年时期，就积极致力于"有用之学"的探索，对天下之事都"事事研求"。他创办了中国第一家电信企业、第一家内河航运公司、第一条南北铁路干线、第一家国人自办的中国通商银行、第一个钢铁联合企业等，成为当时中国最大的工商业资本家和全国首富，享有 "中国商父"的美誉。甲午战争后，盛宣怀更是坚定了一个信念：国家欲图自强，筹设学堂、培育人才是关键。他创办了中国第一所大学"北洋大学堂"，在他的办学理念中， 充分体现着常州读书人追求的"经世致用"之精髓，他为北洋大学堂定下的校训就是"实事求是"。此外，他还创设了南洋公学（今西安

交通大学、上海交通大学的前身）, 南洋公学附设师范院、电报学堂等。

面对洋货大批量进入中国，常州人蒋光祖积极倡导国货发展，在开办常州人力织布厂获得丰厚利润的基础上，前往日本学习国外纺织工业生产的经验，回国后创办了常州第一家动力纺织工厂大纶机器织布厂。他还与实业家刘国钧等人集资9万元，从英国购置100台英式铁织机，专织斜纹布，开创了常州近代纺织工业采用铁织机生产的先河，在国内极有影响。

1927年，刘国钧重组此前创办的多家布厂，形成有织、染综合性生产能力的实体，产品有色布、绒布、贡呢、哔叽等，以及他率先在中国纺织界试制成功的灯芯绒、丝绒等新品种，上市后热销，成为对抗进口洋货的劲敌。此后，刘国钧又不断购进最先进的国外纺织机械设备，从1930年起，在不到8年的时间里，所创办的大成企业由1个发展到4个，纱锭由1万枚扩展到8万枚，资产由50万元增加到400万元，建立了纺、织、染联营的"一条龙"生产全能企业。这些举措，在20世纪30年代是具有首创意义的，是民族工业"罕见的奇迹"。

民国初年，常州的机械工业也开始崭露头角。1913年，奚九如等人创办了常州第一家机器制造企业厚生机器厂，借助上海的技术和管理力量，第一年就生产出一台8马力柴油发动机，成为我国最早生产内燃机的企业之一。1929年，在规模盛大的杭州西湖博览会上，厚生厂生产的柴油机、吸水泵等产品荣获金奖，销遍苏、浙、皖、川、广、豫、鲁等地。

厚生机器厂的示范效应，对常州机械制造业迅猛发展起到了重要的促进作用。1919年创办的万盛铁厂，学习厚生厂借助外力的经验，实力一度超过厚生厂，生产的发动机远销南洋多个国家。1931年，毕业于同济大学机械科的吴大珂，抱着实业救国的理想，创办了大可机械厂，设计了一系列柴油机新产品，1941年被安装到汽车上，并首先在上海大街上行驶，引起了广泛的社会关注。

1913年，志同道合的多位常州实业家筹资10万银元，从英国购进了蒸汽发电设备，创办常州最早的电力公司武进振生电灯公司。振生发电，在满足本地用电需求外，还向溧阳、扬州等地供电。1921年，由常州人发起，德国西门子公司多方面援助的另一家电力股份公司在常州创建，这家公司建造的输电干线，供往无锡等地，是当时华东地区电压最高的输电线路。

商会：支持引导，繁盛发展

近代常州工业化的起步虽然比较晚，但在创新实践中形成了常州特有的发展模式，创造了民族工业发展的奇迹。回顾历史，这些奇迹的出现，与常州地方商会的引导和支持是分不开的。

常州商会于1905年筹备设立，是一个以"联络商情，保护商业，开通商智，维持公益，承上接下"为宗旨的群体组织，经历了常州商务分会、武阳商会、武进商会等名称的变化，在不同时期都有相应的规章制度，以指导基层商会的实际运行。作为基层组织的常州地方商会，一方面起到"承上接下"的作用，沟通政府与工商群体之间的关系，保护和表达工商群体的要求，争取和维护工商群体自身的权益；另一方面承担工商群体的社会治理责任，推动了常州成为我国近代民族工业发祥地。

常州商会初创时期的领袖，大多为官绅，诸如晚清时期的恽祖祁、恽用康、钱以振、恽毓昌、沈保宜都有功名和政名，其中沈保宜的功名最高，是光绪年间举人。于定一早年习文，创设成泰布行，经营布业，好发议论，乐于实践，注重启迪商智，曾在1909年的江苏省咨议局会上提出《整顿商会议案》，并获采纳。金融业在地方经济发展中起着重要的作用，钱庄经理刘尧性、卢正衡都曾被选举为商会会长。盐公栈经理郭钧辅,长年出任商会主席,他在食盐专卖中每斤盐加价一厘,以补助地方教育、慈善事业,因而受到各行业的推崇。1934年12月,郭钧辅病逝于任上,徐菊溪被补选为商会主席。徐菊溪是木业代表,没有功名,木商成为商会主席,从另一侧面反映了常州木业的发达。1946年土布业领袖查秉初任商会理事长,由此纺织业、机械业、磨坊业、金融业等进一步融合。

（一）敢作敢为敢领先的恽祖祁

常州商会首创会长恽祖祁,原名祖源,字心耘,晚号莱叟,1842年出生于常州青果巷的一个官宦家庭,他父亲恽光业,官至浙江督粮道,兄长恽祖翼曾任浙江省巡抚。恽祖祁早年被保荐进入中国最高学府国子监读书,能在国子监读书,在常州是寥若晨星。他走出国子监校门后就任监察州县的监司,不久又出任湖南零陵县知县,因治事有方,晋升为江西盐法道(五品官),几经升调,直到在湖广总督张之洞手下主办洋务。1899年1月,恽祖祁被调任福建分巡兴泉永海防兵备道台。光绪二十七年他母亲去世,回常州奔丧。从此,除一度任江苏江防营统领外,就一直在地方主持工商各业的建设,先后担任常州地方商会总理达五年。

恽祖祁为常州地方工商各业建设做出的贡献,是无人可比的,他几乎主导了常州近代历史进程中所有的重要节点:常州第一批有影响的学堂、常州第一个新式商人社团、常州第一个城市武装组织、常州第一家私人银行、常州第一个地方公益自治组织、常州第一条马路、常州第一个公共图书馆等。

为国家培养一批有用的人才,为地方建设注入了新的活力,恽祖祁倡导创办了常州第一批新式学堂。1896年龙城书院改为常州致用精舍后,开设了一些实用课程,但一直没有中断读经,恽祖祁与时俱进,果断顺应时势,召集地方乡绅董汪洵等商议,向江苏巡抚呈递了创办新式学堂的报告。1902年3月,武阳公立小学堂创办,这是常州城内第一所新式公立学堂。1902年,何志霄利用白云渡私宅创办育志私立学堂,恽祖祁鼓励何志霄兴办教育,多次与阳湖县署疏通关系,将阳湖县城隍庙划给何志霄办学,为育志小学堂(即后来的新坊桥小学)的发展拓展了广阔的空间。道南、溪南、道乡、高山等原来都是书院,恽祖祁想方设法协调乡绅捐资,帮助改造,使乡村的新式教育也跟上了时代发展的步伐。

恽祖祁还敢为人先,在1905年清政府宣布废除科举制度不久,率先在上海(当时属江苏管辖)发起成立江苏学会,因为"科举已停,本省各府州县一律须急办学堂,事极繁重,非经全省士绅公议不能妥洽"。他的倡议,立即得到全省响应,各地100多名教育界人士聚集上海,商议在江苏学会基础上,扩充筹建江苏学务总会。同年10月8日召开成立大会,拟订《江苏学务总会暂定章程》，推选张謇任总会会长，恽祖祁任副会长，黄炎培任调查部常务调查干事。

以后，恽祖祁便开始酝酿创办常州府中学堂，他与常州知府许星璧商量，将玉梅桥畔废弃的原护国寺、长年医局公地作为校址，向江苏巡抚端方呈递报告，申请拨款，同时召集常州府所属八县开会，以招录府属八县学生的名义，向八县分摊建校费用。在筹建常州府中学堂过程中，恽祖祁建议设立常州府学务公所负责校舍建造，并亲任总理总负责。学校建成后，他又广泛物色人才，最后选定留学日本的屠元博任第一任监督。中学堂后来成为全省，乃至全国有影响的常州教育品牌，这与恽

祖祁的努力是分不开的。

以服务工商业发展为宗旨，恽祖祁组织创立了常州第一个新式商人社团武阳商会。1905 年 4 月，恽祖祁借磨盘桥钱业公所召开武阳商会成立大会。随后，他开始筹集经费，疏通府署关系，将双桂坊原延陵书院旧址公地，划拨给商会规划建造会所，于 1907 年 12 月建成投入使用。武阳商会从成立起至 1912 年，恽祖祁担任了 7 年总理（后改为会长）。7 年中，商会在他主持下，创出了很多卓有成效的业绩：一是发展工商业，创办罐诘、石印、造纸等工厂，倡导组织各行各业派人赴日本考察，学习国外先进技术，这是常州第一次有组织地到国外考察学习。二是大力支持

1999 年 3 月，武阳商会力倡建设公共图书馆，1909 年五楹图书馆楼落成。

公共文化事业，1909 年 12 月，商会投资 5000 余两白银，在双桂坊延陵季子祠废址上建造五楹新馆，面向全社会开放，这是常州第一个公共图书馆。他还用创建商会多余的钱款和土地开辟后花园，以后又租赁史义祠后空地，建成了常州第一个公园，时称公花园。三是筹建商品交流展示平台，委托商会坐办于定一创办常州府物产会，在原延陵季子祠旧址上建造商品陈列所，为举办地方最早的商品展览，挑选精品参展南洋劝业会，提供了一个公共展示场所。

为了维护社会秩序，特别是保障工商界人士的利益，恽祖祁在 1908 年筹备建立了第一个城市武装组织"商团"。商团购置了 80 支枪，从城内各商户挑选 100 多名青壮年不定期地进行训练，对闹市区进行义务轮班巡逻，遇到突发情况，让商团负责应急处理。1909 年，安徽发生特大水灾，大批灾民涌来南方，在恽祖祁的指挥下，采取果断措施，准备好大量食物，一面对路过常州的灾民进行救济，一面"护送"他们出城，以免扰乱地方安宁。另外，他为了维持地方治安，还资助地方政府创办巡警局，效仿国外警察制度，设立警察训练所。

1906 年，恽祖祁与卢正衡在城内繁华的南大街，创办了常州第一家地方私人银行和慎商业储蓄有限公司（简称和慎银行）。和慎银行是我国民族资本最早开设的银行之一，在经营管理上有比较健全的规章制度，是常州银钱业中规模最大的龙头银行。和慎银行年营业额达六七十万元，对促进常州工商业的发展有重大作用，常州近代四大行业——豆、木、钱、典业中，豆、木业都是依靠和慎银行作后盾，才形成规模经营，成为常州的两大支柱行业。典当业的发展也有赖于和慎银行，还有米行、绸布业、南北货业、槽坊等行业，都要靠和慎银行帮忙贷款，所以恽祖祁创办银行的意义是极其深远的。

1908 年，清政府颁布《城镇乡地方自治章程》，规定府厅州县官府所在地为城，设立地方自治机构，通过选举产生议员，实行议事与行政分立。在自治范围内自筹资金，对学务、卫生、道路、农工商务、慈善事业、公共事业等建设和发展，实行改革探索。恽祖祁觉得这是规划建设常州城市的一个绝好机会，因为过去常州城是一城两县，西面是武进（大致以现在晋陵路为界），东面是阳湖，城市改造建设很难协调，有了《章程》作依据，就扫除了一切障碍。在他主导下，常州第一个地方公益自治组织武阳城厢自治公所（1912 年 1 月 1 日阳湖县建置废除并入武进县后，改为武进市城厢自治公所）于 1909 年 7 月 17 日正式成立，由他任所长，武进、阳湖县各推庄殿华、恽用康分任副所长，自治范围东至白家桥，西至西圈门，南到木梳街尽头，北至仁寿栅。通过选举产生议事会（议事机构）和董事会（决策执行机构）。

这个自治机构成立时间虽然不到4年，但为实行地方新政，推进常州近代化进程，如编订门牌号码、扩建道路、设置路灯、疏浚城河、辟建公园、举办法政讲习所、改良私塾等方面，做了很多有益的工作。

1908年沪宁铁路通车后，火车站至和政门（中山门）的道路建设成了迫切需要解决的现实问题。过去这里没有直路，乘火车的旅客都要向东绕一大圈才能到车站，旅客为走近路，都穿过农田走到和政门。在农田中行走，特别是雨雪天，泥泞难行，旅客埋怨；庄稼被践踏，农户也有意见，不少人提出要府署、县署在这里修路。府署、县署都推托没有钱，一直拖着。恽祖祁主动为民办事，以商会名义，把从车站直通和政门的地块从农户手中买了下来，然后修筑了常州真正意义上的第一条马路"新筑路"。这条路用石板铺筑路面，宽6米，比城中宽阔繁华的西二街（现南大街）还宽了2米多。

敢作敢为敢领先，恽祖祁还在常州开设劝学所、师范传习所，赈济武、丹、沙洲、芙蓉圩灾民，在疏浚运河、孟河、德胜河、澡江河等方面做了大量工作。

1911年，辛亥革命前夕，由于地方自治的划区问题，引发了常州以恽祖祁、钱以振等为代表的"城派"和以屠寄、奚九如、朱稚竹为代表的"乡派"的矛盾，双方发生激烈的争夺权力的斗争，最终恽祖祁离开常州，隐居上海。

（二）以身示范的钱以振、于定一

北洋政府时期，商会领袖钱以振、于定一以身示范，推动地方社会发展，并取得了一定的成就。1922年后，钱以振、于定一先后退出商会领导层，但仍在商会事务中发挥着一定的作用。

钱以振（1877-1943），字琳叔，原籍无锡，清末山东邹平县知县，辞官后定居在青果巷雪洞巷"半园"。钱以振注重开发商智，曾创办"半园"女校、筹设师范讲习所、武进商业补习学校、商团工学团，并赴日本考察，后组学务公所，与郭文轨合作创办《商报》。1905年，钱以振参与筹办常州商会，继恽祖祁之后任常州商会会长。宣统元年（1909年）当选为江苏省咨议局议员。钱以振还是武进商团的创办人之一，1929年至1933年担任武进商团团长。在担任商会职务的同时，钱以振还兼任武进董事会总董，推动商会与董事会联合，共推地方自治事业与地方慈善公益，修筑道路、开凿公井、兴建救火会，在商会余地开辟公花园、阅报社等公益场所。

于定一（1876-1932），字瑾怀，武进人，清末丹阳县知事，曾任商务印书馆出版部部长、发行部部长，中华职业教育社48位发起人之一。宣统元年（1909年）当选为江苏省咨议局议员和江苏省自治筹办处参议，历任常州地方商会坐办、商会会长等职，提出过改进商会工作的《整顿商会议案》《江苏武进商会代表于定一提议经费》

《常州布庄改良说》《发起武进推广国货团之说明书》《创办常州纱厂利益说明书》等多个主张和提议。与此同时，于定一还创办商品陈列所，举办武进第二届工商奖进会，发起武进推广国货团运动。特别值得注意的是，于定一积极推动商会的工商业调查，为工商业的规划和引导服务，编写的《武进工业调查录》受到工商部嘉奖，范例在全国范围进行推广和学习。

民国初年，常州地方工业处在启动阶段，遭遇到困境，钱以振以南通张謇为榜样，和于定一联合筹划常州实业的前景，并身体力行，积极推进常州近代纺织业的发展。1915年，钱以振开始筹备大经纱厂，章程拟定后，因募集资金困难，被迫停止。由此他们意识到，创办实业的首要问题是解决资金问题。于是，他们决定首先兴办银行，吸纳社会游资。1917年1月27日，他们在常州西瀛里，开办了股份有限公司性质的常州商业银行，钱以振任经理。1918年常州商业银行在西门外惠商商场设分理处。1919年钱以振和于定一等人发起组织常州纺织公司（简称常州纱厂，就是后来的民丰纱厂）。1920年5月7日，开设富华商业储蓄银行，并在上海设立分理处，于定一为总董。

1919年，常州纱厂开始投资兴建，两家银行在业务经营上重点支持常州纱厂，发展棉纱生产。常州纱厂于1922年初开机生产，当时正是日本棉纱向中国市场倾销最盛时期，日本细纱在华畅销，加上江浙军阀混战影响工商业，特别的是战后外汇牌价高涨，所购机器以外汇结算而致损失严重。由于经济环境恶劣等因素，导致常州纱厂连年亏损，维持到1923年不得不关闭停业。

常州纱厂关闭后，常州商业银行向纱厂投入的大量资金收不回来，很快宣告停业，富华商业储蓄银行也不得不歇业。创办人于定一和钱以振亏损巨大，1922年9月于定一开始变卖田产，家中两代积蓄全都亏空。

常州纱厂、常州商业银行虽然失败了，但商会领袖钱以振、于定一倡导兴办实业，并以身示范，普及了大型工厂的生产和管理知识，引导同一时期的蒋盘发、刘国钧等人的大纶纱厂和戈莲生的广新纱厂的创建，促进了常州近代工业化的启动和发展。特别是他们创立的以解决兴办实业经费问题的金融业与工业相融合的模式，为后来常州许多企业家延用，并得到进一步的完善和发展，功不可没。

（三）执掌商会七年的郭钧辅

国民党统治时期，为了加强对商人群体和地方商会的控制，无休止地对商会进行改组并组织商会总理纪念周、反日会等活动，使商会的整合力量削弱，"会务有停顿之势"。在这非常时期，常州商会选举当年商会发起人之一的郭钧辅出任主席，处理商会的复杂事务。

郭钧辅(1868-1934)，名次汾，武进人，祖籍山西，常州商会、商团、商会商事公断处等机构创始人之一，历任盐公栈经理，曾任常州豫成丰蜜饯栈副总经理。1913年郭钧辅创立商务公断处，并任主任，主要调解商人间纠纷。郭钧辅自1928年出任商会主席，至1934年12月病逝，近七年时间担任商会首领。与此同时，以盐公栈经理的身份，参与和捐助教育、救济以及一切慈善事业。

1929年商会改选，各省商联会改为委员制，郭钧辅当选为商会主席。郭钧辅在《武进商报》上刊登启事，坚辞不就，嘱咐商会会员另选主席，并向商会递呈辞职信。常州钱业公会、常州怡和公所、常州木业公会、武进色布业公会、武进布业公所、糖果彩蛋业公所、武进致和油业公所、常州土北货业华秀堂、常州豆业公会、武进药业公所、武进染织厂公会、常州敦谊公所、武进烟业公所、常州衡德堂公所、武进纱业公会、常州葛裘公所、武进丝线公所、云章公所、朔南堂、武进运输公会、天章公所、武进金银业乾运公所、莲炬公所、米业公所、旅栈公会等各行业一方面联名致函商会力邀郭钧辅就职，另一方面商会以各行业之名登予以挽留。各行业以郭钧辅"担任会务以来，任怨任劳，力承艰巨，久为各业所爱戴。商会为商人所公有，主席为商人所共举，众望所归，岂容高蹈，除登报挽留外，并派代表前往敦请"。

郭钧辅多次请辞商会主席一职，都被各行业全力挽留。其中，1931年武进商会依法改组，郭钧辅以众望凤孚，群情翕服，仍被举为主席，然而郭钧辅坚辞不就。各行业以"训政时期，凡百设施，亟待积极进行，正赖先生督率"为由，联名具函，一致挽留。一方面，郭钧辅是发起创立商会的创始人之一，长期服务地方社会，另一方面早在1913年郭钧辅创立了商事公断处，长期从事商务纠纷的处理，能够处理地方复杂事务。接函后，郭钧辅最终打消辞意，照常视事。多次坚辞商会主席一职，又多次由各行业联信挽留、坚邀，反映了郭钧辅具有较好的民意基础。这或许也是商会应对国民党控制的一项措施，为商会工作扫除一些可能存在的障碍，这一方面反映了盐公栈经理郭钧辅获得各业的认可，另一方面也体现了商会内部尚未产生能够更好地处理商会事务和应对政府的领袖。

常州商会在一批精英人物的领导下，引导传统产业的改良和创新；注重与金融业联合，创立银行等金融机构，或吸纳金融资本家参与企业发展，企业家与金融家相互融合，互为发展；广开商智，引导工商群体知识体系和传统思想的更新；与其他产业分工协作，虽然有分歧，但随着产业的发展，逐渐走向融合，形成区域产业链，提高地区产业的综合实力；注重与其他地区的产业合作、分工协作，共促发展；商会不仅制定行业规范、标准，而且为工商业的发展提供积极的服务和保障，推动了地方近代工业化的发展。

■ 探索：敢为人先，实践创造

常州近代工业化发展，主要从两个不同方向启动，一个方向是以钱以振、于定一为首的发展纺织业、电力工业的"商会派"，另一个方向是以奚九如、万鉴明为代表的发展农产品加工工业和机械制造业的"农会派"。

（一）"商会派"推进工业化的尝试

在常州商会历任领导中，钱以振和于定一等绅商领袖有意推动地方工业发展，身体力行。常州传统土布业发达，无锡的纱厂业发达，其产品大多销往常州，用于家庭手工作坊织布。于是，常州绅商纷纷考虑就近设厂，就地产销，由此，开始集股择地创办纱厂。第一次世界大战前，英国纺织品在中国市场中占据第一位，随后英国放松了对华的商品输入，迎来民族纺织业发展的高峰，常州本土的棉纺织业乘机纷纷设厂。但是相对于南通、无锡的工厂林立，常州工厂的兴起却停滞不前，仅停留在手工作坊规模。

为进行实业推广，1915年年初，常州商会组织人力进行工商业调查，并决定调查从纱厂着手。经过多方面调查，认为常州在洋纱输入之前是著名的花布生产地，也是著名的棉纱销售地，就地产销，节约

成本，建造纱厂是可行的。于定一、钱以振、庄俞等人纷纷撰文《纺织业之需要》《创办常州纱厂利益说明书》等论说，指出常州年销纱20000件，一向购自外地，而常州无一家纱厂。当时人们认为，"常州素称文化之区，如此伟大事业，犹落后于锡、澄等地，这与常州之盛名极不相称"，极力推进常州纺织工业的发展。

庄俞也发表主张，认为常州地方可兴办的实业，除了纱厂、布厂、铁厂之外，化学工厂、应用铜铁厂、织绸工厂、应用肥皂厂、应用纸厂，都是与生活有密切关系的工厂。倡办工厂不仅可以发展经济，而且可以力求技术进步，进而达到资本获利的目的。

地方人士投资现代工业的热情不高，原因是认为工厂为新实业、大实业，自己无此经验，无此胆量，无此能力，担心投资收不回，因而畏缩不前。钱以振提出号召，有资金的人应以南通张謇参与地方建设为榜样，不畏阻力，不计代价，推动地方实业发展，方可造福社会。

与此同时，于定一以盛宣怀遗嘱有半散家财的说法，致函庄缄三寻求对实业发展的资助。于定一力陈常州建设的根本意图，在于兴修水利与创办工厂。说到工厂兴办，于定一认为常州宜办纱厂，纺织产业兴起的"天时、地利、人和"兼备。具体来说，一方面，常州是大宗棉纱销售的地方，"申纱十之三，锡纱十之七"，年

销纱量在 400 万元左右；另一方面，常州西北乡沙洲万顷，产棉精良，可免去运费捐税等损失，而且常州纺织女工充足，多且价廉，易于选择。于定一提议："若由盛府捐资设厂、兴修水利，一切皆冠盛氏之名，以其资本为地方慈善基金，官息红利作为慈善事业之经常收入。"

虽然最终方案没有获得庄缄三和盛氏后人的资助，但是商会领袖发展地方纺织业的决心和毅力毫不动摇。1919 年 8 月 23 日，钱以振、于定一、孟森、费锦泉、荣德生、江上达、庄俞等人发起常州纱厂。其股本 60 万元，纱机 12000 锭，以小南门外尉史桥沿运河岸地块为厂址，定名为常州纺织股份有限公司。常州纱厂引进设备、设发电厂、办植棉试验场、创纺织补习学校、设上海事务所，无不俱备。

1923 年春，常州纱厂因亏损停产，后又多次重组，历经申新六厂、民丰纱厂等名，为近代常州地方最大的纱厂之一。商会领袖的倡导和常州纱厂创办实践的经验和教训，从某种意义上来说，不仅推动常州近代工业化启动和发展，普及了公司的经营知识，也被其后的常州企业家所汲取和吸纳。诸如创造"大成奇迹"的刘国钧，非常重视与金融业构建良好关系，其经营的大成纺织染有限公司第一任董事会的构成中，金融界人士占到一半以上，为其后的募股赢得了社会信誉。与此同时，随着大成纺织染集团的发展，刘国钧与金融界人

士合伙创办武进商业银行，进一步实现了工业资本与金融资本的融通，推进了 20 世纪 30 年代常州近代工业的发展。

常州两家动力企业的兴建，地方商会领袖更是给予了较大的帮助。

1913 年，无锡人祝大椿、武进人张赞墀、武进人吴树棠在大马园巷创办振生电灯公司，1914 年 5 月正式发电，武进振生电灯公司受到武进商会的支持，获批武进市公益事务所专利权。初创时资本 10 万元，主要供应市区照明。1923 年，基于营业发展和竞争的需要，武进振生电灯公司扩充营业，特增加股本为 60 万元，更改名称为武进电气厂股份有限公司，负责市区政府、商号、团体的照明和部分工厂的电力供应。

1921 年，为进一步推动常州电力工业的发展，时任武进商会会长于定一为震华电厂解决设厂购地问题，在戚墅堰购置土地，东起刘家桥，西至利民纱厂，南沿大运河，北达邱家港，约 300 余亩。其后，于定一曾任震华电厂常州办事处主任。时任副会长钱以振的女婿江上达与地方人士杨廷栋、施肇曾等人创办震华电厂，这是一家中德合作创办的大型电力企业，注册资本 250 万元，实收 150 万元，规定中方股权为 51%，德商股权为 49%。江上达创办均益兴业电料商店，震华所有设备材料及工程设施，全套引进德国西门子技术，代表当时最为先进的电力公司。供应范围东起无锡、西到丹阳，架设高低压线路共

110公里，其中有10公里是33千伏的超高压线路，这是全国第一条超高压线路，经营业务为照明、电热、工厂电力、农田戽水等，是规模宏大的电力企业，1929年被资源委员会接管。先进电力公司的创办，进一步推动了常州近代纺织业、磨坊业的发展。1933年刘国钧在武进工业联合会成立大会上曾发表演说："我们武进的工业，比十多年以前差不多增加十倍以上，倘能照这样的比例，继续不断推进，再迟十年，再加一个十倍就好了。这个十年之中，增长如此快得力于戚墅堰、武进两电厂的电力供给，否则没有这样快；武进电厂、戚墅堰电厂的兴建为地方工业的兴起起到了推动作用，而这正是常州商会领袖支持和帮助的结果。"

（二）"农会派"推动新式工业的努力

在"商会派"推进工业化尝试的同时，以奚九如为代表的"农会派"开启了常州近代机械工业发展的道路。

1911年9月，常州军政府成立，屠寄被推举为民政长，任命奚九如为军政府顾问，在政治、军事、经济方面实行一系列改革，其中特别强调了农业机械化，提倡机器戽水，并决定建立生产戽水机的工厂，以发展农业。1910年，武阳农会成立，以"开通农智，改良农法，力求农业上之起色，以收敦本重农之效"为宗旨，创设农事试验场，改良种子，推行农产品加工业，诸如碾米业、油坊业。屠寄担任武阳农会首

任会长，奚九如任坐办。后来，屠寄出任武进县民政长，奚九如继任武进农会会长。

1912年，奚九如从上海求新制造机器轮船厂买回8马力柴油机、碾米机和8寸水泵，实验用抽水机灌溉农田获得成功。同年，奚九如联合宜兴资本家潘鹤鸣开办溥利米厂。1913年，奚九如以常州永宁寺为基地，创办厚生铁厂，以上海求新厂图样为蓝本，开始制造内燃机和抽水机器。

奚九如、朱稚竹、万鉴明等人以农会为基础，一方面以地方自治为名获取自身利益，另一方面推动农业和工商业的发展。1920年，万鉴明创办万盛铁厂，并向德国进口部分机械，主要生产内燃机、戽水机、碾米机等。随后，常州地方先后有中华铁厂、工务铁厂、荣昌铁工场设立。民国时期，常州有求精、永泰、明达等11家机器铁工场开设，企业大多集中于西门新马路一带，开办者大多是厚生、万盛二厂的技工，"农会派"发展实业的主张得以进一步推广。

1916年，奚九如公开发表《上农商部改良农政计划书》，并向农商部提出推广机械农田戽水、发展农产品加工工业、开通农智、推广农产等建议，受到了农商部嘉奖。同年，奚九如被任命为江苏省农会会长。上任时，奚九如力荐"农会派"的周季平，随其前往省农会任职。

1932年，奚九如公开《中国农工生产五年计划商榷书》，提出加强农业生产，推进粮食作物等农产品加工业发展的主张。

接着，奚九如又提出《田农三三制》，认为"生产事业须具备三要素，即土地劳力资本是也。今我国农业之不振，首在资本之缺乏。兹即就其缺乏方面，由国家代为补充之，使国家与人民分工合作，俾地尽其利，人尽其力。所获利益，三份分派，土地劳力资本各得三分之一。故曰农田三三制"。提出要重视对农业金融的扶持，农业技术和管理的改进，减轻租税，释放民间活力。

值得关注的是，1934年万鉴明发出"机器救国"的呼声，指出"我国以农立国"，自清代以来，"日食米麦都仰给于外洋"，究其原因就是机器落后于外国，因此要"机器救国"。万鉴明的所谓"机器救国"，就是运用机械化，使农民知道利用机器，以机器发展农业生产，提高农产品加工质量。农业机器可以由农业合作社利用公款或集资购置，共同使用，从而使民生丰裕。因为机器制造与各行各业有密切关系，机器的精制和创新，可以推动国民生产。当然，万鉴明的"机器救国"论是有经济利益动机的，有推销万盛铁厂产品的考虑。

"商会派"尝试推进工业化，"农会派"努力推进新式农业，两个不同利益的集团随着工业化的发展逐步走向融合。

20世纪30年代，常州纺织业有了新的发展，厚生铁厂开始着重纺织机械的生产，纺织业也寻求与国内纺织机械厂的合作。"农会派"的代表人物，如屠寄之子

屠孝宦、周季平、龚瑞賨和武进工业联合会中厚生铁厂的经理奚祝升，开始参与常州商会的事务，有的成为商会领袖，有的在商会中担任了要职，这就更加快了两派的融合和发展。

1909年，公盛栈成为常州第一家以柴油机为动力碾米的近代粮食加工厂。1912年，由修理引擎、制造引擎而派生出来的常州第一家机械制造厂厚生铁厂成立（后来成为著名的常州柴油机厂），厚生铁厂的成立，标志着常州机器制造业的开端。谢子佳等创建的协丰油厂、叶时卿等筹建的恒丰面粉厂，以及宝兴泰、裕源成、许恒丰、大生源等米厂、油厂，大批量应用厚生、万盛等厂制造的机器，促进了近代粮食加工业的发展。随后，织布机、煤油发动机、碾米机、磨粉机、磨骨机等机械加工制造业相继出现，常州近代工业的序幕逐步拉开。

与此同时，武进开始了由商转工的民族工业新阶段。"土布棉布商，以本业见销畅，群起集资，购机置地，建屋装备，开机出货，成为染织厂者，东、南、西、北四门皆满。城内集中东下塘、椿桂坊、淘沙巷，乌衣浜，荆溪村等一带，真如雨后春笋，兴盛无量矣。"查秉初说。20世纪30年代常州油厂、米厂、粉厂、铁工厂、针织厂等能够发展，似与纱厂、布厂的扩展有联带关系。

1934年，中国纺织学会第四届年会在

南京举行。会议期间，代表们参观了常州大成纺织、大隆铁厂、民丰纱厂等工厂，由武进商会、工业联合会参与接待。纺织学会对于武进产业协作尤其关注，认为"值此棉业困顿之际，武进县独抱乐观，足征盖筹伟画，不同平凡"，原因就在"工农合作，尤着伟绩"。机械厂向纺织厂提供机械修理、设备供应，纱厂"发行盘头纱"，"与本地布厂合作，省费甚多"，"近且广推到农村，此真是合理化"。参观后，中国纺织学会的纺织界人士由衷感叹，"武进纱厂成合理化的先进"。

1949年，李天行描绘了一幅常州耕织图城乡二重奏的景象：一是全县2000多所小学，50余所公私立中学，学校的数量超过甘肃贵州边远省的全省，在全国县份中是第一。二是产布，常州城形成了以大成和民丰为代表的城区规模最大的纺织厂"双星"。此外80余厂星罗棋布，"四散在城内城郊的中小型染织厂"，还有一个散兵营产区，那便是农村织布。农村既耕且织，数十年的孕育，便成了纺织产区。这个产区，以南门外湖塘桥为中心，扩展到周边几十里地面，无数个村庄里挨门接户的布机连着布机，织布跟着织布。阡陌相连，真是一片桑麻麦苗，绿云如海，村庄里鸡鸣犬吠之外，就是一片机梭声。在1937年前，地方全年用纱要16万件以上，一天实销500件，全县布机达2万台以上，日产布两三万匹以上。这个数目，并不是小数，

典商公所

那时上海的棉布市价，都要听常州的。

常州近代工业化进程在清末起步，至20世纪30年代，常州的近代化工业化已初步进入良性发展的轨道，呈现出百业兴盛的大好景象。如常州的纺织工业，在抗日战争爆发前达到一个高峰，技术方面已接近日本水平，能够生产出高质量的花布，并试制成功丝绒、灯芯绒，产品不仅在国内畅销，还出口到东南亚。经济领域的变革直接改善了人们的生活，推动了社会价值观和社会制度的变迁，催生了许多新兴事业，近代化进程呈现不断加速的势头。但是，日军的入侵和破坏，把常州撞离了原来的发展轨道，打乱了常州的近代化进程，毁掉了常州人民数十年探索奋斗所取得的建设成就。

常州人不会忘记这些深耕实业创奇迹，积极发展常州近代工业的先驱者们。

△ 新誉集团建成 EMC 电磁兼容实验室。

非"常"道：
常州商道与常州精神

"常州精神""家国情怀""匠心立业"等特有的、促成常州商道的标签并非一朝一夕形成的，而是常州人世世代代传承下来的文化基因，历代常州人秉持着这份独特，走出了一条精神之路。

常州商道之源：常州精神

"勇争一流，耻为第二"是新时代常州精神，其有着深厚的历史文化基因。

常州虽地处江南，但常州人却有着独特的秉性。"天下名士有部落，东南无与常匹俦"，这是清代大诗人龚自珍对常州的极高赞誉。"南人北相"，这是人们对常州人的通俗评价，意思就是常州人有异秉，或异禀，《辞海》解释为"特异的禀赋"，也就是与众不同的天赋，许多常州人身上都有这种异秉传奇。

有着"读书种子"之名的张惠言是清代经学家、文学家，常州词派创始人，阳湖文派代表人物。

他4岁时父亲去世，母亲与仅8岁的姐姐每天出门做帮工，聊以糊口。张惠言9岁时，到伯父张思楷处读书。有一天私塾放学，张惠言回到家中，家中居然没有晚饭，张惠言饿着肚子上床睡觉。第二天早晨，张惠言饿得起不了床。母亲对他说："你在伯父那里苦粥苦饭总是有得吃，我与你姐姐、弟弟经常是这样挨饿呢！"张惠言哭了。回到伯父私塾，张惠言发愤读书，其他孩子去玩耍，他总是安坐苦读。私塾放假，他也不回家，空着肚子在书斋里钻研经史。他14岁当上"童子师"，17岁成了秀才。在张惠言先生短短一生的42年岁月中，有为之年不过十余载，中进士成名到去世不过三载。惊人的抱负和毅力成就了他作为当时经学、词学、

散文、骈文、书法等领域的领军人物，开创了常州词派、阳湖文派，攀登了"孤经绝学"的经学巅峰。他的词学成就被今人奉为词学经典，文学成就被今人列为明清八大家之一。

再说说另一位异秉人物恽寿平（1633–1690），别号南田，明末清初著名的书画家、常州画派的开山祖师。他创造性地恢复和发扬了"没骨"写生花卉的传统，给花鸟画坛注入了新的生机，使得"勾花点叶"派为之一扫，赢得了众多的追随者。据传，恽寿平初画山水，与王翚交谊甚厚，自以为不能超越，便曰："是道让兄独步矣，恪妄耻为天下第二手。"于是舍山水而专攻花卉，其实从他现存的《山水轴》等作品看，其山水画笔墨洒脱秀逸，也堪称大家手笔。但是他最拿手的还是花卉，其画作用笔爽利而含蓄，设色洁净而秀润。"耻为天下第二手"的佳话却流传开来，恽寿平诗词清新、书法俊秀、画笔生动，时称"南田三绝"。

这应该是常州精神的直接出处，但是有这种精神的常州人物却不止这几位，可以说是常州群体人物的共同写照。这种精神凝集了一座城市的历史传统、文化底蕴和时代风貌，集中反映了市民的价值追求、思想观念和道德风尚，它具有凝聚作用、导向作用、动力作用和形象作用，是处于发展加速期和关键期的常州走上高质量发展的新征程的旗帜，是常州人民勇毅坚韧、开拓创新、争先率先、克难奋进的精神气质的高度概括。它有历史文化传承、发展成就支撑，也有现实

发展需要，是常州发展不断取得新成绩的重要法宝，也是常州实践对于新时代拼搏奋斗的生动诠释。

常州商道之本：家国情怀

2019年，在第二届江苏发展大会上，通往会场的"苏商大道"两旁是14位近代苏商先贤的照片，以此向筚路蓝缕、实业报国的近代苏商们致敬，其中就有3位常州籍商人，包括创造了11项"中国第一"的"中国实业之父"盛宣怀，中国现代杰出的实业家刘国钧，香港知名实业家、"沪港合资第一人"唐翔千。这条"苏商大道"正象征着江苏近代发展之路，更是让新一代企业家不忘先贤、勤奋创业、继续埋头苦干。

常州被称为"慈善之城"，曾经在中国慈善城市评选活动中两次荣列七星级（最高级）慈善城市，这其实也是常州商道之本的传承与提升。2006年，常州市慈善总会首创"留本付息"的慈善模式，一度引领全国慈善的发展方向；2007年，全省第一家慈善广场落户南大街商业街；2008年，"一张纸工程"在全国首家试点，随后发展成常州慈善的一张名片；2008年，全国第一家以慈善为主题的爱心公园落成；2009年，"大病关爱"项目获中华慈善事业突出贡献奖；2012年、2014年，常州连续两届入选中国慈善城市百强榜，并获七星级（最高级）慈善城市称号；2014年，"爱心广场"在莱蒙都会商业街中心广场成立；2018年，启动慈善超市改造创新试点，探索慈善超市公益服务常州模式，逐步把慈善超市交给社会组织、居民自治组织或市场主体去运营，鼓励社会力量通过独资、参股、租赁、并购、合建等方式参与慈善超市建设，建立慈善超市社会化运行机制，把慈善超市建设成为新型公益慈善综合性平台。常州的企业家也是慈善家，是慈善事业的重要力量，他们弘扬"致富思源、义利兼顾"的光彩精神，展现出履行责任、敢于担当、服务社会的优秀企业家形象。

常州商道之核：匠心立业

《尚书·大禹谟》有云："人心惟危，道心惟微；惟精惟一，允执厥中。"传承百年工商文明，弘扬千秋工匠精神，是常州企业家的永恒使命。

清末民初，常州民族工商业蓬勃发展，纺织、机械、食品、电力等近代工业具有相当规模。清乾隆五十九年（1794年），常州最早的钱庄豫通钱庄开业；1906年，青果巷东下塘出现了第一个资本主义工厂——晋裕布厂；1913年，常州地区的第一家机械工厂，也是中国最早的内燃机专业制造商之一的厚生制造机器厂创立……无论是一百年前常州工商文明起步时引进洋机器时代的工人，还是乡镇企业崛起时纷纷来常指导的上海工人或"星期天工程师"带起的徒弟，特别是今天我市各基础产业、服务业等生产服务企业中的优秀技工和机工，这些当代"匠人"给我们奉献了乱针绣、常州梳篦等手工艺品，以及红梅相机、星球音响、金狮自行车、新科VCD等工业产品，奠定了我们这个城市国内领先的产业基础和经济基础。改革开放早期，"中小城市学常州"是一道靓丽风景。从一定意义上理解，也才有了我们这个城市今天的领先地位和广泛知名度。工匠多则产业兴，工匠优则产品优，工匠强则产业强。

"工匠精神"在企业家精神层面的升华，使一代又一代常州企业家在创造灿烂物质文明的同时，将这座城市悠久的工商基因焕发出青春活力，更留下了弥足珍贵的精神文化遗产。刘国钧有一个"三个一点点"理论，即"质量好一点点，成本低一点点，价格高一点点"。这其实是"匠心立业"精神的生动体现，在点点滴滴上下功夫，在细节上下功夫，绝不放过经营管理中的任何一个环节。这种精神一直是常州纺织行业的传统，卡其布、灯芯绒、牛仔布飞入寻常百姓家，"小桌子上唱大戏""农字当头滚雪球""八条龙"专业协作生产等常州经验曾经让那个年代的常州人无比荣耀。今天，弘扬新时代的"工匠精神"，将激励企业精益求精、追求卓越，创新创造出更多"专、精、特、新"的高品质产品和服务，以赢得市场和用户的高度认同，赢得社会的广泛信赖，重振常州产业雄风。2018年，常州获评工信部单项冠军4个，

拥有省隐形冠军企业5家，新增11家省级工业设计中心，工业互联网四星以上上云企业13家，均居全省第一。天合光能和上上电缆获第五届中国工业大奖、武进不锈钢获提名奖，有5家企业中标国家工业强基工程项目，均居全国地级市第一。航天云网、中机云创、苏文电能、天正工业互联网等高科技企业加速发展，新能源汽车及零部件、新一代信息技术、智能制造装备产业产值分别增长24.2%、35.3%、19.8%。

常州，这个具有深厚积淀和优良传统的苏南明星城市，现在又以"勇争一流，耻为第二"的新时代常州精神，扛起建设三个高质量"明星城市"、种好枝繁叶茂"幸福树"的发展大旗，古老的常州在新时代焕发出勃勃生机。

作为现代民族工业的发祥地，常州是一个富有匠心、勇于创新的城市，从"实业之父"盛宣怀、工商业巨子刘国钧，到数学家华罗庚、画坛泰斗刘海粟，总在不断地创造"中国第一"。20世纪50年代经济调整时期，常州从发展灯芯绒"一条龙"生产协作线入手，形成灯芯绒、卡其布、手扶拖拉机等群"龙"崛起的地方工业发展亮点，也为后来赢得工业明星城市奠定了基础。从社队工厂到乡镇企业，铸就了通过乡镇企业发展实现工业化的"苏南模式"。常州科教城创造了经科教联动、产学研结合、校所企共赢的"常州模式"，从"工业明星城市"到"创新城市十强"，解放思想、实事求是、敢于领风

气之先的"创新品格",已经让"千载读书地、现代创新城"的城市名片名至实归。秉承"创业创新创优、争先领先率先"的"江苏精神",加快要素驱动向创新驱动转变,是实现从"常州制造"向"常州创造"跨越的核心引擎。

青果巷是常州比较古老的街区,历史悠久,名人辈出。但是曾几何时,这里房屋破旧、设施老化、破坏严重,晋陵公司接下了这个"保护与修缮"的历史重任。为最大程度保持青果巷的原真性和信息的延续性,修缮工作分组团推进,始终贯彻专家提出的"小规模、渐进式、微循环"要求,遵循"不改变文物原状"与"最小干预"的原则,历经详细测绘、史料考证、走访咨询、方案设计、专家评审、修缮施工等多道程序,做到一处组团一个修缮方案。实施内外均保,保持原木构件、石构件等细部特色不变化,对损坏部分按原风貌、原形制、原工艺进行必要修缮和日常维护,以确保建筑整体风貌的完整性和不同建筑之间的差异性。保留现存古井、古河、古码头、牌坊残件及传统地面等不可移动文物,对易损木构件进行养护,确保各类遗存完好。最终实现对产品的精雕细琢、对品质的严苛把关,确保每一个修缮工程项目都成为优质项目,真正体现了"精工善筑,匠心立业"的企业品质,这既是晋陵人的日常工作,也是晋陵人始终秉承的精益求精的匠心品质。2019年4月29日,青果巷部分向社会开放,迎来了八方宾客,接受了社会的检阅,向广大市民交上了一份答卷。

只有思想的领先,才有发展的争先,只有"勇争一流",才能"成就一流"。从"中小城市学常州"到"苏南模式",再到"科技长征",从"无中生有恐龙城"到"小题大做天目湖",再到"精雕细琢青果巷",常州发展正是靠着"勇争一流"的豪气,走出一条"非常之路",取得"非常成绩"。立足新时代,常州更要靠"勇争一流"的精神,拒绝平庸,追求卓越,瞄准"地区生产总值迈上万亿元台阶"的目标,奋力冲击,力争成为我省高质量发展走在前列的一面旗帜。

国茂集团拥有先进的工业机器人生产线。

∧ 20 世纪 70 年代，常州"一条龙"专业化协作线生产出高质量灯芯绒。

事事争先尽风流

成功是优秀的副产品，精英是文化的子系列，中国"十大商帮"为背书和明证。常商的本色和底子是儒商，儒者的思维、心境和品行，商人的智谋、精明和强干。

有七千年文明、三千年繁华的"江南明珠"常州，在绵延近三千年的历史长河中，她成就了辉煌，铸造了业绩，以谦和坚毅、诚信守仁、厚德兼容、创新求变的文化精神，创造出了具有内涵丰富、特色鲜明的地域文化，且千年不衰。在清代，常州文化在众多领域数峰并峙、群星璀璨；到了近代，常州更是成为思想变革的先声，维新与革命的源头，掀开了常州文化在近代中国历史上最为辉煌的一页。

清代常州著名学者、阳湖文派的代表张惠言曾对他的朋友，阳湖文派大家恽敬说："当事事为第一流。"他的学生鲍桂星也说，张惠言是"慨然为举世不为之学"，每从事一项事业，便希望"与古之第一流者相角"。可以说，不光是张惠言，常州历代许多学者始终都敢于以"第一流"自恃和互勉，他们的作品和思想都体现了一种激浊扬清、革故鼎新的意识，个个坚持自己的思想观念，力争做到不因袭古人，自创一格，力求突破。这种力争一流、追求创新的精神也同样延续到了近代常州工商界先驱者们身上，他们在工商业界也开创了一系列的辉煌，创造了一个又一个奇迹。

1950 年 10 月，在解放前夕赴香港的大成纺织染公司总经理刘国钧由港返常。图为大成公司副总经理朱希武（右）和工人代表到常州火车站迎接，欢迎刘国钧（左）回公司主持业务。

■ 力争一流，创新求变

近代常州的企业家，大多怀着远大的志向，将事业做大，与世界第一流竞争作为自己的目标。

为实现这一目标，著名工业家刘国钧曾于 1924、1932、1934 年三次赴日本参观学习，回国后即提出"华厂日厂化""出品日货化"的口号，强调"机器革命"的重要性，并向工商界同仁发出"不可专事对内竞争，而要以科学之头脑，工人之身心，与世界竞争"的呼吁。在他的努力下，大成公司创办之后便以惊人的速度迅猛发展，从 1930 年到 1937 年的 8 年中，大成公司无论是设备还是资金，都增加了 8 倍，资产猛增至 460 万元，日产布 5000 匹，不仅成为常州轻纺工业企业之冠，在全国也名列前茅。著名经济学家马寅初称赞：全国纺织业在日趋萧条的大环境下，只有大成公司 8 年以 8 倍的速度增加着，这是罕见的奇迹。

新亚药厂的创始人许冠群有强烈的事业心，力争一流地发展民族工业，有一点点钱，就投入开拓，把生意做大。在短短 10 年间，就将新亚药厂从一个股本 1000 元的小作坊发展成为到 1936 年营业额高达 100 万元的上海规模最大的药厂，到 1940 年，总公司资本已达 300 万元。先后经他创办或投资合作的厂商企业共达 35 家之多，成为一个业务庞大、机构复杂的托拉斯式新亚企业集团。

不只是刘国钧、许冠群非常重视创新，

近代常州的许许多多企业家，都有力求发展壮大的观念，很少固步自封。

《大成厂歌》中有"成本力求轻，产品力求精"的生产指导思想，这是刘国钧一向奉行的准则。他一向注重技术革新，曾经实现了多个全国首创，他在大纶纱厂时，便积极淘汰倒头纱，开创了中国纺织企业使用筒子纱的先例。他创办的大成企业又是全国第一家纺织印染配套的"一条龙"联合企业。他还高薪引进外国技师，生产出了质量优于日本的绒布，制造出了一流质量的生活平绒、灯芯绒。他几乎每天都要到车间检查各道半成品的质量。小的创新更是比比皆是，如 1930 年代初他最早在细纱车间安装空调设备，以提高细纱质量。他还专门请来外国技师，将一根油线传动一个锭子，改为一根锭带传动 4 个锭子，解决了许多质量上的问题。

新亚药厂另一个创始人赵汝调，是著名的药学家，所以新亚从创始起就非常重视生产质量和技术创新，注重重金聘请专家、教授、博士和高级药学科研人员，分别负责技术革新和研究开发新品种等工作，如为研制安瓿瓶，专门聘请了日本技师田之助，生物检验和药性检定则请来了药理学教授张毅博士，制药机器研制则由交通大学机械系的蒋乃立工程师主持，化学药物研究所则由日本东京帝国大学毕业的曾广方博士担任所长，生物研究所则邀请细菌学专家余㵑主持，同时还不断提升工厂的技术人员担任要职，不断吸收大学毕业生来厂工作，形成了一个生产技术和科技研究的骨干团队，不断提高药品质量，积极研制药品新品种。为了鼓励发明创新，还专门订立合同，规定新产品发明人享有利润分成。每年新亚会提拨大部分盈利作为奖励技术革新资金。在这种机制的鼓励下，新亚的创造发明日益增多，技术人员努力利用国产原料和中草药提炼合成生产各种药物，代替进口原料，如以粗制玉米葡萄糖粉为原料，精制成注射用葡萄糖，以天然樟脑加工精制成急救强心针等，药效可以和进口药品媲美，还大大降低了成本。

常州的中小企业家们也和大企业家们一样，致力于技术创新，努力在残酷的竞争中闯出一条生路。民华染织公司总经理王有林，每月都要用大部分时间到上海调查商情，根据市场需求情况积极进行技术改造。1931年，他首创丝光闪亮、富有毛感的丝结呢，运用42支双股线代替60支双股线，生产出上好的府绸，质量一度超过了大成厂同类产品。谈柏生经营的恒丰盛染织厂大力发展一种土法印花双面绒的生产，同时从国外购进先进的印花机，开发出了水浪绒，在市场上畅销，特别受到苏北各地民众的欢迎。

常州企业家强烈的市场意识促进了他们积极创新，努力开拓和占有市场。刘国钧非常熟悉纺织品市场的行情，大成公司一成立，就在上海设立办事处，由刘靖基负责，专门分析纺织品市场动态和市场经营方向。同时，他自己也努力了解国际纺织品市场的发展变

化，特别注重了解日本纺织业的发展情况，掌握更多信息，及时调整经营方向。在了解到日本丝绒畅销全球的信息后，刘国钧果断决定引进这项技术，并成功试制成中国较早的丝绒和灯芯绒。后因抗战爆发，没有能正式投产。刘国钧还注重开拓和扩展国际市场，大成一厂出产的"蝶球细布"，在当时很长一个时期里，除了占有国内市场外，还外销到南洋等地，广受欢迎。

新亚药厂的许冠群最重视宣传推销。在产品宣传推销上，许冠群动足脑筋，形式五花八门、多种多样，并且极富针对性。如注射针剂的使用对象是医生，他便在医药书报上刊登广告，并编纂了《新医药刊》《国药新声》《健康家庭》《星牌良药集》等杂志，赠送给医生作参考。对于普通中成药，他则在日报、路牌、电影院等各种媒介上做广告，甚至有一次将电台全部包下一天，全天播送新亚药品广告。为了打开东南亚市场，他还专门编纂了英文宣传册。此外，他组织国术队、口琴队、篮球队，通过巡回比赛和表演，宣传新亚药厂的产品。他还创办了新亚流通图书馆、新亚诊疗所，通过为居民免费服务进行推广活动。他每年的广告费高峰时可以达到50万元以上。

近代常州工商界精英们力争一流的精神，还表现在百折不挠的毅力上。

蒋盘发是常州纺织工业的先锋人物，1915年，他就和刘国钧集资创办了大纶机器织布厂，这是常州最早的动力织布厂和近

代纺织厂。1924年，他在上海棉花市场做投机生意失败，加上洋纱倾销，被迫停产清理。几经挫折，他仍坚持不懈，从零开始。1925年他在家中原有24台布机的基础上，又设立了协源浆纱厂，1930年代后大力增加布机，兼做绒布，发展成为染织工厂。由于经营得法，降低了生产成本，到抗战爆发前，已有布机240台，成为当时常州最大的一家染织厂。

刘国钧更是如此，当时常州纱厂停产清理，出租给了无锡荣氏，常州纺织业陷入了最低谷。面对这种困境，刘国钧毅然迎难而上，力排众议，拒绝了无锡唐氏高价收购常州纱厂的请求，在筹集资金中虽然四处碰壁，仍然百折不回，最终筹集了40万元，将大纶织布厂改造成为大成纺织公司，开始了常州近代工业史上的"大成奇迹"时代。

常州另一位著名工业家刘树森在天津、上海办工厂，也是屡败屡战。他在1915-1919年间，先后创办宝源造纸厂和宝通、宝丰、宝成纱厂，到1923年，已控制5个棉纺织厂和2个造纸厂，一跃成为上海最有实力的企业家之一。此后，虽然由于时局等原因，宝成等纱厂也陷入困境，但他从来都没有放弃，直至生命的最后时刻仍然在为工厂发展奔波。他的弟弟刘垣曾回顾他们创业的历程时说："吾兄与予以孤寒无所凭藉之身，寄迹市廛，不自量力，奋臂鼓舌，思以工矿实业挽救国运。"虽然"最后溃败，不可收拾，坐视残余，事

业随世变而消逝"，但也从来没有放弃，一直坚持到底，无怨无悔。

这些，就是近代常州企业家精神的真实写照。

兼收并蓄，海纳百川

和常州学术界一直强调开阔视野、兼容并蓄一样，常州工商企业家们在生产经营中，既能坚持自我，又互相尊重，取长补短。他们这种求公是、去门户的观念，使得常州近代工业发展避免了画地为牢、作茧自缚的弊端，在一种开放的氛围中兼收并蓄，海纳百川，锐意求变。

刘国钧的父亲刘蘭堂曾经手书一付对联"和以为贵，同而不流"，送给刘国钧，刘国钧也一直将这句话奉为座右铭。刘国钧在创业时也一直坚持着这种态度，他真挚待人，襟怀坦荡，而且非常善于学习，向商界友人学习，向身边同事学习，向普通民众学习，这使得他在创业中得到了很多人的帮助，如刘靖基、黄炎培、张謇、陈光甫、卢作孚、范旭东等。正是通过这种交流和合作，使得他的人脉资源也越来越广，事业发展越来越顺利。

常州很多近代工商业精英在创业时也同样坚持"和以为贵，同而不流"的精神，通过合作、引进来发展自己的事业。著名工业家江上达就是通过和钱以振、于定一、杨廷栋的不断合作，使自己在短短几年中，就从

一个普通的银庄练习生成长为常州地区举足轻重的企业家。他创办民丰纱厂遇到困难后，主动和著名的苏州工商精英、苏纶纱厂老板严庆祥合作，在严庆祥的帮助下获得了重要的增资。从 1934 年起，民丰纱厂先后添置多种设备，新建织部房、染部房，使民丰成为纺、织、染一体化的大型企业。到抗战前，民丰纱厂已经成为一个兼具纺织印染的综合性纺织企业，资本总额已经达到 140 万元。

近代常州工商界在创业时都坚持学习国内乃至国外的先进经验。当时上海是中国工业的中心，常州办工业首先就学习上海，常州最早发展起来的几家现代化工厂，他们的机器设备都是在上海购置的，由上海的技术人员协助安装调试直至生产。常州工商人士往往把上海作为他们创办现代工业的学习榜样，常州最早的机器织布厂大纶厂在筹备期间，蒋盘发就专程找到上海东货铁工厂陈清鉴帮忙；赵锦清在东下塘赵家弄开设锦纶二厂，也请到陈清鉴等来常州将土布的手拉织机改为脚踏机；厚生的奚九如在早期创业时，便得到了来自上海求新制造厂民族资本家朱子尧的支持。刘国钧在大纶厂时发现自己生产的浆纱不如外商，就隐姓埋名，到上海怡和纱厂学习，终于在纱厂工友的帮助下，获得了浆纱配方。他曾以相当于公司注册资本 1% 的 5000 元高薪聘请上海纺织专家陆绍云，开出的薪水相当于大成公司 60 位熟练工人年工资的总和，比他自己的年薪还要高出 40%。陆绍云最终不负重望，帮助公司

弥补了各种技术上的不足，解决生产上的难题，推动企业迅猛发展。这种对上海企业的学习甚至一直延续到了 20 世纪 70 年代乡镇企业的创办。

除了学习上海之外，常州工商界还积极学习日本等当时先进国家的经验。蒋盘发在创办大纶厂时，便通过陈清鉴的介绍，和刘国钧一起到日本考察，这次考察对刘国钧影响深远。刘国钧之后又多次赴日本考察，他一生坚持抵制日货，但他并不是只抱有狭隘的民族主义情绪，他认为要和日本竞争，就要真正了解日本，努力学习对方的长处，学习他们的精髓。他办企业讲究精益求精，重视科学管理、注重时效、精简人员以及节约物料等观念，都是学习日本经营管理方法的结果。

常州重视工商界合作，在产品联营上实现"一条龙"的形式。旧中国棉纺织业工厂，由于缺乏企业间的合作，往往各干各的，对于纺、织、印、染，一向只经营其中的一部分，至多是纺织或印染联营，染色与印花作为棉纺工业的一部分，比例很少。外国资本便利用我国这一弱点，压低棉纱、坯布价格，抬高色布价格，以打击和摧残中国棉纺业。刘国钧在参观日本纺织业后，感到如果不走联营的道路，不可能参与国际竞争。所以他毅然放弃自己独资经营，将广益染织厂合并进大成公司，改为大成二厂，而大成一厂增加纱锭 15000 枚，专门从事纺织。大成二厂的成立，建立起了纺织染联营的基本格局，

大成公司由此成为中国第一家纺织印染配套的"一条龙"联合企业，这在当时具有首创意义。此后，刘国钧又在棉花产地广泛设置棉花收购行庄，在主要消费区设立棉布推销处和办事处，发展为供产销联营一条龙，减少了中间环节，使得流通渠道更加通畅。

这种联营格局，直到20世纪70年代常州把现有中小企业组织起来，进行生产组合中，还被运用，被称为"产品一条龙"，是当年常州工业发展最重要的成功经验之一。

▌求真致用，爱国爱乡

在清代乾隆嘉庆年间，常州学术以"但开风气不为师"的精神，在思想和文学上独辟蹊径，使得常州学派和阳湖文派成为近代中国文化改革的先声。常州学术这种求真致用、爱国爱乡的精神同样表现在近代常州工商界的精英们身上。

蒋盘发在创办大伦纱厂时一直说："救国是公民的责任，棉铁救国是我们一辈子不能忘记的使命。"刘国钧也正是看到张謇评论抵制日货时说的"制且未成，抵于何有"，深受震撼，决心弃商从工，通过开办工厂，制造国货，来抵制日货，挽救国家和民族的危亡。刘靖基在写大成厂歌中便有"提倡国货，对外竞争"的两句歌词。而奚九如创办厚生机器厂，厂名便是源出于辛亥革命口号——"通商惠工，厚生利用，国基永奠"，可以说"通商惠工""实业救国"

是当时很多常州工业家的共识。刘国钧在经营企业时，就从没有忘记救国救民的使命，他专门创办《励进月刊》，旨在宣扬"实业救国"的理念，希望引领大众寻找富民强国的道路。"九一八事变"后，他忧心忡忡，在写著名的《土纱救国计划书》时，他则仗义执言，对当时腐败的国民政府制定的有利于外商而不利于华商办纱厂的统税税率提出了言辞严厉的批评。同时，他把爱国精神体现到很多方面，大成公司产品商标设计定名为"征东"和"蝶球"，寓意"征服日本"和"无敌天下"。

常州工商企业家们求真致用的主张不只体现在对现实问题的关注上，更强调强烈的社会责任感，因此他们不是空泛地议论时政，而是强调脚踏实地去改变现状。近代常州工商界对国家和民族的热爱，同样表现在对国计民生的切实关心和帮助上。

1914年春，厚生机器厂试制农田戽水机成功后，便将最早的两台产品分别租给江阴贤庄、武进史墅，解决农田灌溉难题，开创了常州地区机器戽水历史。1915年，厚生又制成5马力柴油引擎，租给太平洲（今扬中县）三茅庵郭松茂家用作圩田排水。当时《武进报》有专题报道，说太平洲地势低洼，每逢积雨，无处泄洪，危及田畴，租用厚生机器可使大水不积而为患，由此扩大了厚生产品的影响。"近年农田均利用机器戽水，得以不受水旱之灾，首先制造提倡，实为厚生厂焉。"

当时，常州豆市河、米市河段常有千石大船停泊，武进河道常需开拓疏浚，奚九如在水利机械方面就重点投资，在 1915 年开始建造挖泥机船，并在 1918 年 12 月制成大型联珠斗式挖泥机船"利通号"，为常州本地的城市建设作出了重要的贡献。

近代常州企业家对国计民生的关心，还表现在以人为本、关心工人福祉上。中国的近代企业脱胎于官督民办的旧式管理制度，工人地位低，工作条件差，工作时间长，不懂技术且没有文化的工头掌握着工厂的管理。为了谋取私利，工头们拉帮结派，无止尽地对工人进行勒索，克扣工资，延长工作时间，甚至打骂和侮辱工人。1930 年，吴敬仪力排众议，在他的指导和策划下，刘树森在天津创办的宝成纱厂成为中国历史上第一个实行八小时工作制的企业，在中国企业史和管理史上留下了重要的一笔。吴敬仪将宝成厂工人分为三班，每班八小时，轮流运作，工人工资不减。

刘国钧创办企业后，就努力改变工头把持的管理方式，建立企业职工培训制度，提高工人文化技术水平，完善企业福利制度，改善工人待遇，增加企业员工的归属感。在他的努力下，大成公司拥有了一支有技术、有文化、有凝聚力的员工队伍，为大成公司的发展奠定了重要基础。

从光绪三十二年（1906 年）起，常州在城内东下塘出现了第一个雇工生产的资本主义工厂晋裕布厂，实有资本 5000 元，这是常州近代城市工业的第一次起步，常州近代工业的序幕逐步拉开。为了提高粮油业的生产能力，粮食业首先开始采用机械动力生产。到宣统元年（1909 年），公盛堆栈成为常州第一家用柴油机为动力碾米的近代粮食加工厂。1912 年，由修理引擎、制造引擎而派生出来的常州第一家机械制造厂厚生机械厂成立，这标志着常州机器制造业的开端。接着，织机、煤油发动机、碾米机、磨粉机等机械加工制造业相继出现，常州近代工业的序幕逐步拉开。

第一次世界大战爆发，欧洲列强无暇东顾，给了中国民族工业发展一个短暂时机。1916 年蒋盘发和刘国钧集资创办大纶机器织布厂，采用蒸汽机传动，是常州最早的动力织布厂和近代纺织厂。1923 年，杨廷栋等开办震华制造电气机械总厂（今戚墅堰发电厂），与振生电灯公司一起为工农业的发展提供动力。翌年，震华厂在蒋湾桥试办电力㽇水站，成为国内第一个农村电力灌溉站。棉纺、电力、机械工业的发展，标志着常州逐渐向现代工业城市开始转型。

1927 年之后，常州地区的工业化进程更是呈现出前所未有的兴旺局面，进入了一个新的黄金时代。以大成奇迹为标志，常州近代化进程开始加速。大成在全国首创纺织染联营模式，成为纺织印染配套的一条龙联合企业。在大成的影响下，常州的民丰纱厂也开始向纺织染配套的综合性企业发展，这两个常州纺织业核心工厂的形成，以及与之相呼应的染织业的繁荣发展，使常州地区的产业结构发生重大变化。常州纺织工业超越了其他事业，成为地区的第一支柱产业，到抗日战争爆发前夕，全市染织布厂增至40多家，纱绽6万多枚，布机7000多台。其产生的连带效应也使得其他近代工业随之发展，常州最终完成了从传统漕运城市向近代轻工业城市的转型。

常州人在工商界的成就并不局限于本地一隅，还在更广大范围内的商海进行搏击，无论是新亚药厂的许冠群和赵通黄、金星金笔的周子柏、章福记书局的章宸荫、中华书局总经理吴镜渊、愚园主人刘树森、海上闻人闻兰亭、中国光染业鼻祖诸人龙，还是从常州起家，一度执上海纺织业牛耳的刘国钧、刘靖基、江上达等人，都成为上海滩经济界的弄潮儿。他们不但在经济上做出贡献，同时也为上海城市建设起到了积极的作用。如主持，兴建黄兴路、翔殷路的王彬彦，是上海市25名建设讨论委员之一，诸人龙也曾当选为上海市商民协会执行委员兼常务委员，这些常州商人的佼佼者不仅成为近代中国工商界的领袖人物，更被誉为"遍神州而崇拜之模范"。

回顾这100多年的历史，我们可以发现，常州经历了守旧和创新、吸收和扬弃、困惑和奋发、徘徊和飞跃，这些充满着悲壮、激荡、沉闷和兴奋的历程。在此过程中，常州从城市规模到市政格局，从生产力到生产关系，从社会结构到城市功能，从市民生态到市民心态，从谋生方式到风俗习惯，无不发生了深刻变化。常州之所以能够在漫长的历史时期始终走在时代的前列，在21世纪仍然可以抢立潮头，焕发新颜，积极进取、创新求变、海纳百川、求真致用的常州文化精神，正是其生生不息的力量源泉。

贡献篇

　　从被限制到被承认，从被承认到鼓励适当发展，从鼓励适当发展到积极促进，从积极促进到"毫不动摇地鼓励、支持、引导"，在党委政府和民营企业家的共同努力下，常州民营经济正在谱写一曲强市富民的华丽乐章。

40TH

1978 1982 1984 1986
1983 1985 1981 1987
1980 1992
1994 1979
1991 2003
1995 1993 2008
1997 1996 2006
1980 2007 2009
1988 2012 2018
2005

2001 2016
2002 2017 2014 2015
2004 1985 1990
2018 1987
1996 1982
1998 1989 2007 2003
2013 1994 1979
2000 1980
1991 1984
1978 2001 1999
1990 1985 1984 1997

从零到三分天下有其二

改革开放以来，常州国民经济经历了以国有集体为主导、乡镇企业"苏南模式"异军突起、民营经济破浪前行等阶段，常州民营经济创造出引人瞩目的业绩，实现了从无到有、从小到大、从弱到强的历史性跨越，正可谓，从零到三分天下有其二。

∧ 高铁齿轮传动系统智能组装车间

星垂平野阔，月涌大江流。

1978 年，历史的巨轮滚滚向前，叩响了常州这座有着数千年历史的古城城门。沉重的回响中，已然渗透出让人觉醒的声音：春天快到了！

常州人自古就有"经世致用"的优良传统。近代以来，常州一直是经济繁荣、文化昌盛、商贾云集的江南重地。新中国成立后，常州人民在市委、市政府的正确领导下，迅速恢复和发展了国民经济，医治好战争和旧社会留下的创伤，顺利完成了国家对农业、手工业和资本主义工商业的社会主义改造，开启了社会主义现代化建设的征程。在"一大二公"的历史背景下，在"割除资本主义尾巴""消灭剥削阶级"的口号下，到1976 年，常州全市仅有个体工商户358户，从业人员 407 人，私营经济几乎濒于消失的边缘。

改革开放让常州的民营经济再次迸发出勃勃的生机。常州地处江南，常州人性格中却有着让外地人至今津津乐道的元素——"南人北相"；常州人饱读诗书，却似乎又不"泥古不化"；常州人看似温文尔雅，办起企业来却当仁不让……鲜有常州这样的城市、这样的市民，如此富有个性和创造力。借着改革开放的东风，常州人大胆地闯、大胆地试，就像穿城而过的京杭运河，看似波澜不惊，却又奔流不息。"勇争一流，耻为第二"的新时代常州精神，在改革开放的背景下，快速地生长起来。

1979年秋，市民高钧向市工商局提出注册成立个体工商户，注册名字为"高钧记五金加工修配作坊"。这在现在看来再平常不过的事情，却在全市乃至全省工商领域掀起了波澜，批准还是驳回，还真是一个问题。

▲ 1980年9月，常州市首批发放的个体营业执照"高钧记五金加工作坊"。

这时候，常州工商行政部门的决策者突破思想的桎梏，在不违反国家政策的同时又善于变通，批准成立了"高钧记五金加工修配作坊"。"草根"变成个体户，个体户很快变成"万元户"，后来又变成多元化经营的企业集团……

一次果敢的探索与创新，成就了改革开放后常州私营工商业的一段佳话，更是创造了常州私营经济发展的一段历史——再后来，高钧注册的这个"作坊"成为全省首张个体户营业执照。

20世纪80年代，常州被国务院列为全国经济体制综合改革试点城市，多项改革措施在全国率先试点。在国有集体企业改革发展的同时，乡镇企业迅速发展壮大，作为著名的"苏南模式"重要发源地之一，常州一度成为全国知名的"改革先锋城市""工业明星城市"，城市美誉度和知名度进一步增强。1992年以后，常州抓住新一轮改革开放的重要历史机遇，主动接轨浦东，外向型经济得到长足发展。同一时期，常州民营经济迅速发展壮大，以资本要素为核心的市场配置资源的市场经济体制改革取得历史性突破，外资、合资、个体私营经济得到充分发展，一大批私营企业跻身全国民营企业排行榜。全市私营企业数量从1992年的1924家增至1999年的12197家，从业人员从近2万人增至14.26万人，注册资本从1.33亿元增至54.1亿元。

进入21世纪，常州市委、市政府全面

∧ 天合光能并购西班牙 Nclave 公司。

贯彻落实党的十六大、十七大精神，制定了一系列加快发展民营经济的政策，支持和引导民营企业跨越发展，毫不动摇地把放手发展民营经济作为富民强市的有效途径之一，民营经济发展进入"绿色通道"。特别是党的十八大以来，党中央多次重申坚持基本经济制度，坚持"两个毫不动摇"。党的十八届三中全会提出，公有制经济和非公有制经济都是社会主义市场经济的重要组成部分，都是我国经济社会发展的重要基础；公有制经济财产权不可侵犯，非公有制经济财产权同样不可侵犯；国家保护各种所有制经济产权和合法利益，坚持权利平等、机会平等、规则平等，废除对非公有制经济各种形式的不合理规定，消除各种隐性壁垒，激发非公

有制经济活力和创造力。党的十八届四中全会提出要"健全以公平为核心原则的产权保护制度，加强对各种所有制经济组织和自然人财产权的保护，清理有违公平的法律法规条款"。党的十八届五中全会强调要"鼓励民营企业依法进入更多领域，引入非国有资本参与国有企业改革，更好激发非公有制经济活力和创造力"。党的十九大更是把"两个毫不动摇"写入新时代坚持和发展中国特色社会主义的基本方略，作为党和国家一项大政方针进一步确定下来。2005 年至 2019 年，市委、市政府相继组织实施了 5 轮次《常州市加快民营经济发展三年行动计划》，全市民营经济总量、运行质量、结构效益等提升到了一个新的发展水平，为全市经济社会

的高质量发展提供了强有力的支撑。

再回首，往事如梦。

40年来，常州市民营经济从无到有、从弱到强、从小到大，发展成为名副其实的富民经济、创新经济、活力经济。市委、市政府一贯高度重视民营经济发展，积极贯彻落实党中央、国务院及省委、省政府关于支持民营经济发展的一系列政策，迅速出台扶持民营企业发展的相关政策举措，切实为企业发展优环境、办实事，形成了富有区域特色的民营经济政策体系，广大民营企业家、创业者更是发扬"四千四万"精神，走千山万水、说千言万语、吃千辛万苦、想千方万计，常州民营经济发展取得了令人瞩目的辉煌成就。

40年的创新拼搏和艰苦奋斗证明，常州的民营经济不仅善于创造奇迹，更善于创造历史。

改革开放40年，是常州民营经济规模实现几何级增长的40年

十一届三中全会后不久，常州就在全市范围内对个体经营者进行全面整顿，恢复办理申请登记，重开个体工商户发展之门。到1981年7月，市区个体工商户登记数量就突破1000户，从业人数达1192人。与此同时，武进、金坛、溧阳三个县的个体工商业也以前所未有的速度发展，武进县个体工商户登记数到1985年即突破2万户，达2.16万户。

∧ 2016年，市委、市政府作出"接轨南京"战略部署，将溧阳经济开发区主战场拓展至上兴新区。

到 1990 年年底，全市有个体工商户 4.43 万户，从业人员 6.58 万人，注册资本 1.22 亿元，年营业额 6.8 亿元。

1997 年前后，随着社会主义市场经济的发展，结合产权制度的改革，乡镇企业逐步成为私营经济主体。常州市通过对乡镇企业的两次改制，基本做到了产权清晰、机制灵活，并积极参与国有企业的改革，达到了低成本扩展、高速发展的目的。如月星集团出资上亿元收购上海棉织十五厂，开设超大规模的上海月星家居广场，成长为沪宁线上著名的家具集团等。这些改制后的私营企业，迅速发展壮大，极大地充实了民营经济的力量，为民营经济的快速成长奠定了坚实基础。1999 年，全市乡镇企业改制率达 95%，"二次改制"后，全市私营企业突破 1 万家；2001 年，常州市私营经济总量首次超过国有经济；2002 年 6 月，常茂生物成为全市首家民营上市公司；2005 年 12 月，中天钢铁成为全市首家百亿民营企业；2007 年，全市民营经济总量首次突破 1000 亿元大关……

常州民营经济市场主体数量在 2017 年首次突破 50 万户。这其中既有顶天立地的千亿级大企业，比如中天钢铁集团，也有灿若星辰的"专精特新"中小微企业，200 多家企业成为国内外细分行业隐形冠军，230 多个产品达到世界先进水平，56 家企业在境内外上市。随着民营经济总量不断扩大，结构进一步优化，民营经济工业产值和经济效益增长十分明显。

至 2018 年年底，全市有民营工业企业 173424 家，注册资本 10064.98 亿元，全市民营经济实现增加值 4760 亿元，规模以上民营工业企业达 3431 家，占全市规模以上工业企业总数的 80.8%。全市民营工业企业完成产值 7160.2 亿元，实现主营业务收入 7639.3 亿元，实现利润总额 436.41 亿元。规模以上民营工业企业完成产值、主营业务收入和利润分别占全市规模以上工业总量的 65.1%、67% 和 60.1%。全市个体工商户数量为 352735 家，注册资本达 334.88 亿元。

改革开放 40 年，是常州民营经济与公有制经济相辅相成、互相促进、共同发展的 40 年

2018 年 11 月 1 日，习近平总书记在民营企业座谈会上指出："民营经济具有'五六七八九'的特征，即贡献了 50% 以上的税收，60% 以上的国内生产总值，70% 以上的技术创新成果，80% 以上的城镇劳动就业，90% 以上的企业数量。"

在常州，民营企业和民营企业家一向都是"自己人"。

常州在改革开放之初，重点发展集体所有制经济，大力发展地方工业企业，大力发展街道企业、乡镇企业，大力发展配套企业和行业，调动了地方工业发展的内在积极性。

在企业经营领域，常州又大力推动企业经营承包责任制的开展，调动了企业经营者的积极性，乡镇企业飞速发展，解决了农村劳动力的出路和致富的问题。所有这些，使得常州在 20 世纪 80 年代，以一份份令人啧啧称赞的成绩单，一跃成为工业明星城市，各种荣誉纷至沓来，各种学习络绎不绝。

1992 年春，邓小平同志南方谈话发表后，常州深刻认识到，必须突破"公"与"私"观念的束缚，加快推动向市场经济转轨的步伐。

一枝独秀不是春。

2005 年开始，常州逐步摆脱单一发展模式的束缚，基本形成外向型经济和民营经济"并重发展、双轮驱动"的全新模式，外向型经济和民营经济进入快速、并进的发展阶段。在常州市武进区，全区民营经济市场主体超过 12 万户，占全区市场主体总数的 93.8%，贡献了全区 80% 以上的税收，创造了 90% 以上的就业和 90% 以上的工业投资。

翻开常州经济的"账本"，我们欣喜地看到，到 2018 年，常州市以装备制造业、先进碳材料为代表的 5 大重点领域 20 个细

中天钢铁集团从美国引进的摩根 5.5 代轧机生产线。

分行业,已经成为民营企业鲜明的产业名片。常州市工业企业中,有 7 家民营企业产值超 100 亿元,有 15 家民营企业产值超 50 亿元,有 109 家民营企业产值超 10 亿元,有 1140 家民营企业产值在亿元以上。2018 年中国"民营企业 500 强""民营企业制造业 500 强""民营企业服务业百强"中,常州共有 24 家上榜企业。2018 年 10 月,第五届中国工业大奖发布,常州成为全国唯一一个同时有 3 家企业斩获殊荣的地级市。天合光能股份有限公司和江苏上上电缆集团有限公司获评中国工业大奖,江苏武进不锈股份有限公司入选项目提名奖。

改革开放 40 年,是常州民营经济不断激发创造创新活力的 40 年

40 年来,全市民营科技企业在各级政府鼓励、扶持、引导下,一直保持快速、稳定增长,截止 2018 年年底,全市市级以上民营科技企业数量突破 3200 家,其中省级民营科技企业达 2421 家。民营科技企业成为全市高新技术产业的主力军,全市 1444 家高新技术企业中,民营科技企业占比超过 98%。民营科技企业成为全市科技进步的生力军,全市省级民营科技企业研发投入超 500 亿元,全市民营企业拥有知识产权数量超 1.8 万件,其中有效发明专利数量超 3500 件,占到全市企业有效发明专利拥有数量的 39% 以上。

40 年来,常州市始终坚持把开展院企产学研合作,作为服务民营企业科技创新的重要抓手,通过持续不断的产学研对接,推动和服务企业科技创新、产品创新、工艺创新。

1994 年 7 月,常柴股份有限公司在深圳证券交易所挂牌上市,成为全市首家上市。经过 20 多年的发展,到 2018 年年底,全市已有境内外上市公司 58 家,其中民营企业 55 家,上市公司通过首发融资、定向增发、发行公司债券等方式累计融资超过 800 亿元,上市公司数量和融资规模稳居全国地级城市前列。自 2007 年以来,全市累计发行企业债 27 只,募集资金 384.58 亿元。自 2011 年以来,常州市累计通过银行间交易市场发行短融、中票等债务融资工具 310 单,募集资金 1436.6 亿元。

2004 年,《促进加快民营经济发展二十八条服务举措意见》出台,同年起市财政每年拿出 500 万元,建立民营经济发展基金,支持市重点民营企业创新机制、建设技术创新体系。围绕培养造就一支能够承担新一轮发展历史重任的企业家队伍和工商联事业接班人的目标,武进区工商联创新青年企业家培养模式,积极搭建政企互动、对外交流、学习培训、金融创新等平台,加强新一代企业家教育培养工作。在武进区,各类民营企业牢固确立"创新"主题,强投入、调结构、促转型、谋升级,始终走在时代前沿、行业前列。全区 400 多家高新技术企业中,

民营企业占97%以上，创新投入占全区工业投入的70%以上，创造了全区70%的发明专利，全区28家上市公司均为民营企业。

改革开放40年，是常州民营经济不断创造巨额财富、积极回报社会的40年

40年来，常州民营经济创造出引人瞩目的业绩，实现了从无到有、从小变大、从弱变强的历史性跨越。一开始，常州的民营经济在整体国民经济中占比很小，不到1%，但在拾遗补缺、安排就业、繁荣市场等方面做了有益补充。进入21世纪后，常州市委、市政府牢牢把握民营经济发展机遇、趁势而上，相继出台《关于进一步加快发展私营个体经济的实施意见》《关于提升提速发展民营经济的若干意见》《关于进一步创优发展环境的五项规定》等一系列促进民营经济发展壮大的政策措施。

2017年，常州市召开全市加快民营经济发展大会，出台《常州市加快民营经济发展三年行动计划（2017-2019年）》，在全市掀起了新一轮民营经济发展热潮。全市民营经济增加值占全市GDP的67.4%，民间投资占全社会投资的73.4%、民营企业税收占总税收的66.4%，全市营业收入超百亿的16家大企业（集团）中有11家民营企业，41家上交税金超亿元的工业企业（集团）中有24家，形成了"三分天下有其二"的格局。至2018年10月，常州民营经济注册资本突破万亿元，达10101.79亿元，常州

∧ 天峋（常州）智能科技有限公司生产的猎隼俯视图。

迈入全省民营经济注册资本突破万亿城市。

2018年，全市民营经济实现增加值4760亿元，同比增7.4%，增速高于全市平均0.4个百分点。规模以上民营工业实现主营业务收入7639.3亿元，同比增11%，高于全市规模以上工业平均1.8个百分点。民营经济税收贡献份额明显提高，增长速度领先。全市实现税收收入（含海关代征）950.3亿元，同比增10.2%；其中民营税收收入为656亿元，同比增14.7%。

不仅如此，常州还积极鼓励民企"走出去"，开拓海外市场。2018年，全市民营企业境外投资项目60个，中方协议投资额6.6亿美元，占全市对外投资的78.87%；全市民营企业累计在境外投资项目超400个，协议投资额超40亿美元，涌现出了天合光能、常发实业、今创集团等一批"走出去"重点民营企业，其中金昇集团累计斥资6.7亿欧元，先后并购德国埃马克、瑞士欧瑞康等国际知名企业。

2018年，全市民营经济新增48.13万个就业岗位，深度激发了社会活力。近年来，常州民营经济加快进入养老、医疗、教育等社会事业领域，生产要素效率显著提高。作

▲ 亿灵伟业已建成智能化制衣车间。

为"政府助手、民企娘家",各级工商联组织倡导非公经济人士热心支持社会事业,勇于担当社会责任,展现民营企业家致富思源、富而思进的光辉形象。民营经济人士广泛参与推广光彩慈善事业、开展精准扶贫活动、倡导环保公益风尚。

改革开放 40 年,是全市上下扶持民营经济发展、营造做强做大氛围的 40 年

40 年来,常州市委、市政府高度重视民营经济发展,各级各部门思想统一,发改、经信、财政、税务、科技、工商、商务、工商联等不断加大扶持力度,营造良好氛围,提供主动服务,不断优化营商、政商环境,切实为民营经济发展优环境、办实事,形成了富有常州地方特色的民营经济政策体系,常州民营经济发展取得了令人瞩目的辉煌成就。

在非公有制经济领域统战工作方面,进一步完善"两项机制"、实施"三大工程"、建好"五个平台",不断提升服务质效,优化非公有制经济发展环境。

"两项机制"优化非公有制经济发展环境——建立全市民营经济发展联席会议制度,完善常态化政企沟通机制。定期召开民营企业家座谈会,部署优化民营经济发展环境的重要举措,推动构建"亲""清"政商关系。

"三大工程"促进非公经济人士健康成长——大力推行以"思想同向、培养同步、机制同建"为模式的"同心培育"工程、民营企业家队伍建设"百千万"工程、企业家健康关爱工程,致力于新生代企业家和非公经济人士的政治培养和能力提升,着力打造一支政治过硬、身心健康、综合素质优秀的中国特色社会主义事业建设者队伍。

"五个平台"促进非公有制经济健康发展——以规范发展、党建引领、激发活力为着力点,建好商协会组织平台,发挥民间外交优势,大力发展友好商会,积极助力民企"走出去"发展;加强资源整合,强化综合服务平台建设,打造线上线下、多级联动的常州新商e服务平台,为企业科技创新、法律维权、对外联络等提供更精准有效的服务;畅通诉求表达平台,深入开展调查研究和第三方评估,提升参政议政、建言献策实效,推动鼓励支持民营经济发展的政策措施落到实处;搭建光彩品牌平台,引导民营企业致富思源、义利兼顾,积极投身"万企帮万村"精准扶贫、东西部扶贫协作等活动,自觉履行社会责任(截至 2018 年年底,全市百万以上光彩基金总数达 315 个,其中千万以上 56 个,协议资金总额达 14.753 亿元,累计投入使用 9.5633 亿元);构建企业家精神弘扬平台,多渠道全方位宣传民营企业家爱国敬业、守法经营、创业创新、回报社会的实际行动。

2018 年 12 月,常州市为充分展示 40 年来我市民营经济发展所取得的辉煌成就,

大力宣传优秀民营企业家，进一步弘扬企业家精神，激发全市广大民营企业家积极投身高质量发展，开展了"改革开放40周年杰出民营企业家推选活动"。经过各辖市区推荐申报、非公有制经济代表人士综合评价、市委常委会研究决定，通报表扬了50位杰出民营企业家。受到表彰的这些企业家，发展能力强、创新活力高、市场竞争能力足，在常州经济发展中作出了杰出贡献，他们是我市民营企业发展的标杆。

习近平总书记指出："在全面建成小康社会、进而全面建设社会主义现代化国家的新征程中，我国民营经济只能壮大、不能弱化，不仅不能'离场'，而且要走向更加广阔的舞台。"

"定心丸"是吃进肚里了，接下来就要"撸起袖子加油干"了。

40年光景，在历史的长河中只是白驹过隙，但对于一个城市的发展而言，已经有太多的经验值得总结，也有许多新命题期待探索。党的十九大开启了中国特色社会主义现代化建设新征程，放心、放胆、放手发展民营经济已经成为共识，民营企业正迎来新一轮发展的春天。如何进一步推动民营经济实现跨越发展，如何促进民营企业家健康成长，常州又一次担当起"探路者"的重任。当前，常州正大力弘扬"勇争一流，耻为第二"的新时代常州精神，团结带领常州人民种好人民满意"幸福树"，塑造工业、旅游、城市管理三张高质量"明星城市"新名片。肩负时代新使命，抖擞精神再出发。在引领民营经济高质量发展征程中，常州必将书写出更为绚丽多彩的历史篇章。

∧ 恒立液压的特种油缸已远销世界各地。

善之光彩，大爱人间

∨
2019年5月，在武进鸣凰中心小学操场上，一群低年级学生在老师的带领下练习排球。

"若要喜欢自己的价值，就得给世界创造价值。"自改革开放以来，常州涌现出一大批优秀的民营企业家，在他们通过自己的努力，率先实现富裕之后，开始致力于用自己的力量去关注教育，关注环境保护，帮助有需要的人，从而实现社会和谐发展。

　　春和日丽的午后，在常州武进鸣凰中心小学整洁宽阔的大操场上，一群低年级的孩子在老师的指导下学习打排球，球来球往间夹杂着孩子们欢快的笑声。从 20 世纪 70 年代起，排球运动就成为鸣小的素质教育特色，常获得小学生排球比赛冠、亚军，为省队、国家队输送了众多优秀的体育人才。但是，这个已经传承了 40 年的优秀传统也常常遇到瓶颈：时代的发展对于训练场地的要求越来越高，孩子们的装备、训练和比赛经费更是不小的开销……幸运的是，地方企业家一直关注和支持着学校的教育事业。2018 年，持续资助排球队数十年的华森医疗器械有限公司成立的光彩慈善基金，又为学校投入 60 万元资金，更换了排球馆内各项训练设施，并打造了 1500 平方米的户外训练场，让更多的孩子可以投入到自己喜欢的运动中。这是常州光彩慈善基金所带来的一点星光，正是这样的点点星光，凝聚成灿烂星河，照亮和温暖着这座城。

2014年，横林镇同心共建光彩基金出资 96 万元支持横林公园建设。

若要喜欢自己的价值，就得给世界创造价值

自改革开放以来，常州民营经济得到蓬勃发展，涌现出了一大批优秀的民营企业家，在他们通过自己努力，率先实现富裕之后，开始致力于用自己的力量，帮助有需要的人，实现社会和谐发展，而常州市光彩事业促进会，无疑是实现企业家社会价值的优质平台。

常州市光彩事业促进会成立于 1999 年 3 月，是由市委统战部、市工商联领导的具有法人地位的社会团体。近年来，光彩事业促进会为企业家回报社会搭建了一座稳固的桥梁，不断增强对民营企业家的感召力以及对社会各界的影响力，保持了持续发展的良好势头，先后获得"中国光彩事业组织奖""江苏省光彩事业组织奖""弘扬常州精神十佳好事奖""常州民族团结评选先进集体""常州市社会组织十佳公

益服务品牌"等荣誉。常州企业家更是把支持光彩事业作为回报社会、提升形象、成就大业的有效途径。"截至2018年年底,常州市百万元以上光彩基金总数达315个,其中千万元以上的有56个,协议资金总额达14.753亿元,累计投入使用9.5633亿元。"这个数据,无论是光彩基金的个数,还是光彩基金的总量,都走在了全国前列。

如今,所属各市区光彩会在省光彩会的指导和市委统战部、市工商联的正确领导下,在全市广大民营企业家的热情参与和广泛支持下,在社会公益事业、新农村建设、文化教育事业、扶贫帮困等方面取得了很多成绩。

武进、溧阳、钟楼均已成立光彩会,在多年实践中形成各自的工作体系和特色亮点。金坛、新北、天宁虽未成立光彩会,但是均能够主动引导企业履行社会责任,借助当地的慈善总会、红十字会等公益平台,引导民营企业开展各类回报社会的公益慈善活动。

溧阳积极投身苏陕脱贫攻坚

2008年5月,由市慈善总会、市红十字会、市总商会联合主办的"献我爱心,救我同胞"常州全民捐款赈灾大行动晚会,在常州市中天钢铁体育馆隆重举行。

战，在教育扶贫事业、促进就业协作上打开了新局面；金坛与安康宁陕县开展经济协作，为宁陕产业发展和脱贫攻坚注入了新动能；武进围绕生态文明建设三年行动计划，深入推进河湖环境治理、农村点源治理、生态湿地建设等生态共建光彩项目；新北民营企业自觉参与东西部扶贫协作，积极反哺社会；天宁借力统战资源，在结对地区基础设施建设、教育扶贫等方面贡献力量；钟楼积极推进省内村企结对帮扶、跨省异地帮扶、东西部扶贫协作，在扶贫精准化和实效性上取得实效。

光彩基金的发扬光大，体现了财富的本质是为了产生更好的社会效益，也展现了新常商义利兼顾、以义为先的企业家精神。

我就是本乡本土长大的自己人

十年树木，百年树人。教育是立国之本，一个国家的发展潜力看的是教育，所以支持教育事业的发展是企业家们热衷的光彩之举。

漫漫的历史长河中，常州各行各业涌现出无数名人与名人家族，他们的事迹广为流传。这些名人后代很多已经移居海外，但是他们的家乡情怀始终萦绕心间，始终关注着这片故土，在常州建立了多项名人公益基金。截至 2019 年年初，常州已建有名人公益基金 6 个、公益基金会 1 个，共涉及资金 1485 万元，这些基金的用途大部分也指向了教育。以唐英年为主的唐氏后

2019 年 5 月，武进鸣凰中心小学焕然一新的室内排球馆为小运动员们提供了专业的训练场地。

人捐赠 550 万元，其中"唐荆川爱国兴学基金"450 万元，用于帮困助学和资助研究，重点是帮困助学；"唐鹤千龙城大学生同心实践基金"100 万元，主要用于支持常州在校大学生投身社会实践的志愿服务、环保宣传、关心困难群体、爱心支教、关爱农民工子女等各类社会公益活动。刘国钧后人刘学进、查美龙成立"刘国钧光彩基金"，捐赠 250 万元，除了资助刘国钧纪念馆等项目，一部分用于刘国钧高等职业技术学校、靖江刘国钧中学教育事业。香港常州商会会长赵国雄先生，2011 年向故乡横林高级中学捐赠 500 万元，用以支持教育事业。

而改革开放之后涌现出的企业家们，更是不遗余力，前赴后继，用各种形式回报哺育自己成长的家乡。2003 年，时任江苏剑湖轨道交通设备有限公司董事长的俞金坤，向武进区光彩事业促进会捐资 100 万元，在全区成立了第一个百万光彩基金——剑湖铁配百万光彩基金。出生于 20 世纪 40

年代的俞金坤，深感自己少年时期教育条件非常贫乏，所以俞金坤对教育事业情有独钟。2015年4月25日，遥观镇"教育提升光彩行动"启动现场，俞金坤带头捐出了500万元。在其带动下，先后有80多家企业参与其中，募集资金2000多万元。那一年的教师节，俞金坤再次出资200万元，设立遥观镇教育"耕耘奖"奖励基金，出资10万元用于母校南塘桥小学的建设和提升，并给学校866位学生每人发放了一只爱心书包以及文具用品。在俞金坤的影响下，2017年，今创30多名高级管理人员分别结对帮扶新疆尼勒克30多名贫困学子。

中天钢铁集团董事局主席董才平在2008年毅然投资1.5亿元成立了常州中天实验学校，并每年陆续投入大笔教育基金。同时，他还拿出800万元，成立"中天杰出教师基金"和"中天英才发展基金"，专门奖励优秀老师和优秀学生，学校连续7年中考创佳绩，成为培育优秀人才的一方名校。中天集团累计向东北大学、南京大学、苏州大学、北京科技大学等捐款约2000万元，支持高校教育的发展。2017年，又一次性捐赠经开区教育事业1000万元，让更多员工子女能够留在父母身边学习、成长。

江南集团的发展始终与五一村联系在一起，为了解决五一村孩子的上学问题，江南集团先后拨款1500万元建成现代化的五一学校，又拨款400万元设立教育基金，并免收本村就读孩子的相关费用。董事长梅泽锋说："父亲梅鹤康对我的影响很深，他主持江南集团时一半的精力在企业，一半的精力在村里。他牵挂着村里的事，难得和家人在一起安安心心吃一顿饭。有时候也会听他说很累，但第二天依然忘我地投入工作中。"帮助村里人一起过上好日子是江南集团的传统，而今这个传统也在发扬光大，集团在安徽金寨捐资50万元建起希望小学，解决了当地孩子的读书难题，让更多的山里娃踏上读书成才之路。

如今，光彩基金捐资助学项目遍地开花，中天钢铁集团千万教育光彩基金、遥观镇千万教育提升光彩基金、春苗教育基金、芙蓉小学和美教育光彩基金、洛阳镇教育共建百万光彩基金……武进特殊教育学校、东安实验学校、鸣凰中心小学、横林初中、芙蓉小学、中天实验学校……一所所基层学校在硬件建设和师生鼓励机制上受益，让学校的管理者倍感鼓舞。正如鸣凰小学校长缪宏亮所言："这些企业家不为名不为利，有时候学校为了感谢，想要冠名或宣传一下，企业家们都婉言谢绝了，他们只说一句话——我就是本乡本土长大的自己人！"

个人富裕了，不能忘记企业的责任和使命

漫步兴隆河边，河水清澈干净，水生植物构筑的绿岛有规则地分布其中，时不

∧ "企业河长制"实施后，现武进兴隆河畔，河水清澈干净，环境优美。

时有白鹭齐飞。河岸边树木茂盛，步行道边种植了很多花草，犹如一处小桃源，是周边村民散步小憩的好去处。这番景象，让人难以想象两年前的兴隆河，由于沿河企业众多，污染排放重，导致河水黑臭，给周边环境带来极大的影响，周边居民怨声载道。

"以往的二三十年，大部分企业都是粗放式的生产模式。过去大家都是一心搞生产、做销售，很少考虑到对环境的影响。而时下的生存环境，已经处于超负荷状态，我们的健康也面临着极大的威胁！"作为湖塘商会会长、国茂减速机集团掌舵人徐国忠再也坐不住了，他说："习近平总书记再三指出并强调，中国要坚持推动构建人类命运共同体。因此，对于企业来说，要从根本开始，树立反哺生态、绿色发展的理念，重视节能减排、引进新技术、整合资源，将企业利益与生态文明的长远利益结合起来。"于是"企业河长制"应时而生，湖塘商会与镇政府联系，选择了区域内 16 条污染较为严重的河流，让国茂减速机集团、广宇花辊机械公司、江苏伊思达纺织等24位企业负责人担任"企业河长"。

企业河长们成立生态文明建设光彩基金，同时更是亲力亲为，一起负担起环境治理的责任。徐国忠会长作为企业河长第一人，他上班的第一件事不是去自己的办公室，而是去厂区附近的兴隆河转一圈。广宇花辊机械董事长余克、伊思达纺织董事长恽中方同样如此，他们每天去观测所辖的黄土浜河，还联合请来了常州大学的教授，制定了科学的河道治理方案。同时各企业河长花重金整治企业内部污水处理系统，严格控制源头排放，商会也作为桥梁，将环保新工艺主动推介到相关企业。如今，湖塘镇水环境质量改善明显，武进的老百姓不再为"黑臭"困扰，个个拍手称道。"企业河长制的诞生，强化了企业家的自我治理意识，但仅凭这 24 个人，发挥的作用还比较有限。未来企业河长制将逐步扩展到 200 多家商会会员单位，同时影响到这些企业的所有员工、员工家庭，让大家都有保护环境的意识。应该说，在国家生态文明建设面前，是没有旁观者的。"

"改革开放 40 年，企业发展了、实力增强了、个人富裕了，不能忘记企业的责任和使命，那就是让亿万国人共享改革开放成果。"对于光彩事业，江苏常发实业集团有限公司董事长黄小平这样说道。从最初的帮困助残、修桥铺路，到支援抢险救灾、拥军优属、捐资助学，再到设立千万光彩基金、慈善基金等，"常发"的名字总能在社会各类公益事业的名单中出现。黄小平还特别关注资源节约和环境保护问题，每到农忙之时，秸秆焚烧已经成为一个社会问题，不但会带来火灾隐患，还会严重污染大气环境，加剧雾霾现象。近年来，"常发"与江苏省农科院、南京工业大学等院所高校紧密合作，开展秸秆综合利用项目研究，致力于秸秆等农业农村废弃物的收集和综合利用。这个项目为促进经济结构转型提供安全的能源供应，改善生态环境，有望解决秸秆焚烧或遗弃带来的环境污染问题。

目前，常州市已经建立"生态共建"光彩基金数十个，并不断影响着更多企业家们加入其中。绿水青山，就是金山银山。坚持人与自然的和谐共生，成为新一代企业家的自觉行动。

只要有需要，我就要出一份力

"少小离家老大回，乡音无改鬓毛衰"，每个人心里都有浓浓的故土情结，企业家们更是留恋养育自己成长的故土，当功成名就时，便想着如何回报家乡父老，让自己的家乡更加美好。

像经济发展在常州争得"排头兵"一样，在慈善事业上，中天钢铁集团董事局主席董才平，也在"慈善之都"树起了一面爱心大旗。他出生在泰村，成长在奔牛，是善良淳朴的家乡人民培育了他。因此，最好的感谢就是回报家乡。董才平的创业之路从奔牛起步，运河南北的交通一直是奔牛的难题。为此，早在 2005 年，中天钢铁集团就向武进光彩基金会捐赠了 1000 万元，用于奔牛天禧桥的建设，这在当时刷新了单个项目慈善捐助总额的全省纪录。天禧桥建成时，奔牛镇政府建议更名为中天大

2016年8月，在滨海召开"常州-盐城'百企帮百村'精准扶贫推进会"。

桥，但他觉得天禧桥年代久远，是一座古桥，还是保留了原来的名字。在中天集团成立10周年之际，一次性向武进区光彩事业促进会捐赠光彩基金3000万元，支持横林、遥观、奔牛三镇的新农村建设，同时，捐赠500万元，建设后庄桥；出资300万元，为泰村人民修路；出资60万元建设横林大桥，解决了人民出行困难的问题。

"我是土生土长的潘家人，作为一家扎根于本地的企业，企业做大的过程中，应该更多地去关注民生，热心社会公益事业。"旷达控股集团董事长沈介良慈心作善，言行合一。2008年，武进区光彩事业促进会在全区范围内开展了"千企联百村、共建新农村"活动，作为雪堰镇民营企业的龙头老大，旷达迅速响应，出资1000万元设立"旷达光彩基金"，与雪堰镇的11个村签订协议，支持他们的新农村建设，成为全区第一个向该活动捐款1000万元的企业。2012年，旷达响应区工商联同心共建光彩行动的号召，捐款1000万元，为雪堰镇旷达路铺上了柏油，并在道路两边安装了观光灯，使旷达路成为镇上的形象路。

现年70岁的沈国荣出生在洛阳镇朝安村，是中国工程院院士，现任南京南瑞继保电气有限公司董事长，虽然少小离家求学创业，但他始终情系家乡、回馈桑梓。朝安村是经济薄弱村，因资金紧张，一直

2013 年 5 月，常发光彩基金第九期发放，为江苏大学贫困生发放助学金。

未能开通天然气，村民对此反响强烈。"什么时候我们也能用上天然气"，成为村民的共同期盼。2014 年，沈国荣院士回家探亲时得知了这一情况，一次性出资 200 万元用于该村开通天然气。工程隔年竣工后，全村 742 户村民都用上了清洁环保的天然气。同时，沈国荣院士还出资 100 万元成立百万帮扶光彩基金，每年对朝安村困难家庭进行资助。据悉，截至 2018 年，沈国荣院士已持续捐助金额约 800 万元，除去天然气工程，还修建自来水管道、村级服务中心等。"武进是生我养我的故土，只要有需要，我就要出一份力，希望家乡富裕，百姓安康。"沈国荣说。

武进湖塘郭听声老人带领着一个老年戏曲团，每天或排练、或演出，过得忙碌而充实。郭听声老人从小就热爱唱戏，但是由于家中父母不支持，最后考取了师范，当上了一名老师。由于缺乏资金加上工作忙碌，艺术的梦想一直埋在他的心底深处，直到退休后，实现艺术梦想的愿望越来越强烈。幸运的是，从 2012 年起，湖塘镇商会与镇政府签订商会社区共建协议，成立"湖塘镇商会社区文化共建光彩基金"，郭听声老人也成为基金受益者，他申请到基金拨款，用来搭建舞台、购买服装、支付演出时产生的各项费用。有了基金的支持，郭听声和团友们更有干劲了，他们排练新的曲目，送戏下乡，活跃在基层，还获得了几个专业大奖。他说："企业家们有爱心，支持我们老年人的爱好，我们也要把更多更好的戏带给老百姓。""湖塘镇商会社区文化共建光彩基金"每年投入数百万元，支持社区文化建设，丰富社区各项文化事业的发展。商会企业每年都会请来省锡剧团、上海越剧团等知名戏曲演出机构来常州演出，把演出票送到辖区老人手中，并安排车辆接送，让老人们在高雅的演出场所享受精神食量。"老吾老，以及人之老"，如今，一群企业家正以实际行动践行着孟夫子的这句名言。

输血＋造血＝光彩事业的长远发展

从长远可持续发展来考虑，对于光彩事业运作，不仅仅需要企业家输血，同时更需要进行造血式的培育。作为探索，武进湖塘镇商会率先建立了以商业化运作反哺社会的光彩机制。商会内部于 2011 年就成立了常州湖塘商汇投资有限公司，股东会员一致同意每年拿出收益的 10%，用于支持光彩事业。正如徐国忠会长所言："企业家做公益，资金捐赠只是一个途径，更重要的是用做企业的精神和理念来做光彩事业，像管理企业一样管理公益事业，用创造财富的方式去发现公益领域的各种可能。"正是这样，光彩事业才更具有持久、可持续发展的生命力。

一个慈善基金的健康成长，和公信力密不可分。自 1999 年常州市光彩事业促进会成立以来，不断加强内部监督管理工作，认真聘用监事，严格执行年度审计制度，确保用好管好光彩基金。目前，光彩基金已经成长为制度规范、富有公信力的公益平台，连续 9 年获得"年度公益性捐赠税前扣除资格"认证。2018 年市光彩会顺利通过社团等级评估，获得社会组织承接政府职能转移和购买服务项目资质。未来，常州市光彩促进会将吸收更多企业家，特别是年轻一代民营企业家参与光彩事业，推动全市光彩事业更好发展。

2019 年，鸣凰中心小学排球队又取得了市级比赛的冠军，学校举办了一个庆祝仪式，华森医疗董事长胡仁民特地抽空前来祝贺。在仪式上，排球队队长将一套排球队队服赠送给他，穿上这身球服，年近古稀的胡仁民仿佛回到童年，与孩子们快乐地融合在一起。而不知不觉间，慈善的种子也撒向孩子们的心底，慢慢成长发芽，然后遍地开花，这美丽而幸福的光彩，必将生生不息，撒向人间。

行商会之义，布龙城商道

2018 年常州市总商会健步行暨运动季闭幕式。

　　常州，自古以来有崇商文化，1906 年，江苏省第一家商会在常州成立。随着经济社会的快速发展，商会组织得到极大发展，商会是政府与市场的桥梁。常州商会已经成为经济社会发展的贡献者和推动者。

⋀ 2017 年 10 月，常州市总商会"喜迎十九大，激发新活力"运动季羽毛球比赛开幕现场。

　　龙城虽不大，但"崇商文化"在这片土地上却滋养已久，早在 1906 年，江苏省第一家商会就在常州成立。紧跟经济社会快速发展的步伐，商会组织蕴育生息，在悠悠历史长河中，卧龙城之地，养朝晖之气，颇有一番"大将之姿"，行"龙者之风"的态势，在政府、社会、企业与市场主体间，"搭桥牵线"，架建起了"绿色通道"，成为推动龙城社会经济发展的一支不可或缺的力量。

　　截至 2018 年，全市现有各级各类商会 244 家，其中行业类商会 112 家，乡镇街道商会 55 家，异地商会 32 家，市场、园区商会 6 家，其他商会 39 家，辖市（区）青年企业家商会和乡镇（街道）商会基本实现全覆盖。

　　早在 2012 年，全市商会组织就开始"星级商会"创建工作，逐步形成商会组织规范化发展的有效途径。通过制定评价体系，科学制定一套千分制评价指标体系，形成以"政治保障、基础条件、规范管理、工作绩效、社会评价"为主要内容的考评体系，注重加强动态管理，实现广泛覆盖，建立三级考核评定机制。

凝心聚力、不可或缺

　　商会，一直是党的统一战线的重要组成部分，对推动民营企业听党话、跟党走发挥重要作用。近年来，在市委、市政府的正确领导下，在市委统战部的关心指导下，商会组织有序发展，围绕"常州新商"品牌建设，深入开展企业家精神弘扬、商会建设提升、企业家队伍关爱、精准服务优化、社会责任履行等行动，成为民营企业家"聚心、聚智、聚力"的综合平台。

常州的民营企业鲜有负面新闻，与平日注重正面教育、理想信念教育有莫大的联系。常州的商会善于组织开展企业家精神弘扬行动和非公经济领域思想政治工作，各大商会多次组织非公企业党组织负责人参加贯彻十九大精神培训班，鼓励民营企业家保持定力、坚守实业、做强主业。"不忘创业初心、接力改革伟业"等一批主题活动的开展，号召引导企业家继承光荣传统，发展好企业。

同时，注重发挥非公经济领域关键少数的"头雁效应"，推广优秀民营企业家的创业故事，走进标杆企业，通过主题演讲、互动交流、基地考察等环节，激励非公经济人士向优秀企业家看齐。

再如湖塘镇商会举办"湖塘镇商会大课堂"，徐国忠等多位商会领导先后走上讲台，通过"湖塘人讲湖塘的故事，讲给湖塘人听"的方式，更容易引起共鸣，效果明显，能引导企业家积极进取，勇于发展。

优化营商环境，加强平台建设，服务实体经济发展

新北区孟河镇商会曾组织召开行业形势分析会，请良旭公司、浩峰公司、永光

公司3家副会长单位作企业转型升级交流，13个职能部门负责人应邀出席，就政企同心，克难求进，推动和促进汽车零部件产业发展进行了讨论。同时积极参与区工商联产业调研，广大民营企业家就发挥产业

常州市以"263"环境整治专项行动为抓手，对多家企业进行关停整顿。阵痛之中，纺织印染企业不断寻求出路，常州运达印染有限公司（以下简称"运达印染"）研发无水印染技术，将原来的污染行业转型升级为低能

∧ 2018年常州"百千万工程"结业仪式。

集群优势、深化汽摩配行业行规建设、协调解决企业共性问题、政企保持良好互动等方面，提出了合理化意见建议，通过区工商联提交区委主要领导批示，一些倾向性、共性的困难得到有效解决，企业发展环境得到进一步改善。

再如纺织印染行业一直是公认的重污染行业，在打好污染防治攻坚战的大背景下，

耗、无水化的产业，走上了绿色发展的道路。

运达印染从2016年开始，就与中国航空航天研究所、华东理工大学和江苏大学的专家合作，研发高分子染色助剂。历经上万次试验后，运达印染解决了深色渗透难题，成功实现了无水印染技术在化纤面料上的突破。传统印染工艺，必须经过高温高压，产生大量印染废水和废气，而无水印染整个染

色过程不需要高温高压，也不需要一滴水，实现了无污染、零排放的清洁化印染。根据国家服装质量监督检验中心检测，使用这一技术的染色布，各项指标全部符合国家标准。至此，运达印染一举淘汰 28 口染缸，从一家传统的印染企业转型为推广无水印染技术的环保企业。

"我算了一笔账，采用传统工艺印染一吨布需要大约 100 吨水，采用无水印染，每吨布可以节约用水 70 吨，加上蒸汽、电费和人工费用，每吨节约成本超过 2000 元。对一家企业来说，节电节煤各项加起来，节能增效也许只是几百万元，但如果在全国化纤布企业推广，对减少能源消耗、降低污染物排放的贡献会很大。"运达印染董事长张安达表示，"以后，还要继续研究，把工艺从现在的涤纶拓宽到棉类、锦纶类等，让更多的印染企业可以使用无水技术。"

商会会根据行业不同需求和特点，为会员单位商务活动、规划发展提供信息数据服务，构建联络平台，建立微信公众号、QQ 群、短信平台、商会官网、微信群等，使会员单位之间的沟通交流更为便利。其中，溧阳电梯商会于 2019 年投入 30 万元开发一套电梯维保、安装方面的便于企业管理的 App 软件，软件做好后向全体会员单位免费提供使用，提高会员企业现代化管理水平。

此外，商会帮助会员企业搭建平台，加强与国内高等院校和科研院所的联系和合作，帮助企业大力开发具有自主知识产权的关键技术、核心技术，促进企业技术革新，优化企业资源配置结构。积极组织会员企业参加上级部门组织的产学研对接活动和培训班，拓展视野，招才引智。同时，抓好市场调研和分析，把提高产品技术含量、市场容量和附加值作为企业发展的重要战略，推动产品向高端、精品、专业化、深加工方向发展。这些都有力地推动了会员企业在激烈的市场竞争中处于优势地位。会员企业在举办新品发布、大楼奠基、业外投资、庆典活动、上市发布、论坛展销等活动时，商会组织内外部团队共同参与、增进交流。在此基础上，还经常性邀请专家进来，不定期为会员企业提供培训服务；组建商会考察团，不定期进行参观考察、学术交流、战略合作等。

2017 年 9 月，常州正式启动民营企业家队伍建设"百千万"工程，计划用三年时间，对全市规模以上民营企业负责人和经营管理人员进行一轮高层次、系统化的培训。截至 2018 年年底，已开办 2 个"领军型企业家"百人班、12 个"成长型企业家"千人班、29 个"经营管理人才"万人班，累计有 4239 人进班系统培训。紧贴企业需求的专业化课程、精心策划的政策解读、高端论坛、产学研融对接等专题活动，为提升企业家创新发展、资本运作、现代管理、市场开拓和国际竞争能力起到了积极作用。

各商会和协会发起成立的各类光彩基金、慈善基金会，都得到了广大民营企业

△ 2018 年 4 月，直属商会党支部联合开展"不忘创业初心，接力改革伟业"主题教育活动。

的积极响应。截至 2018 年年底，全市百万元以上光彩基金总数达 315 个，其中千万元以上 56 个，协议资金总额达 14.753 亿元，累计投入使用 9.5633 亿元，实施光彩项目 3000 多项，在社会公益事业、新农村建设、文化教育事业、扶贫帮困等方面取得了明显成效，为全市经济社会发展作出积极贡献。多年来，常州企业家把支持光彩事业作为回报社会、提升形象、成就大业的有效途径。据不完全统计，全市参与光彩行动的企业总数已经达到了近 6000 家，涌现出了一批乐善好施、无私奉献的优秀企业和企业家代表。还有些商会由会长单位出资，成立商会转贷互助资金，帮助企业转贷，

缓解中小企业的资金困难，降低中小企业的融资成本，帮助企业规避由于资金压力带来的经营风险。

有些商会实际参与到招商引资的过程中，为了配合党委政府中心工作，商会秘书处在会员企业中发现、挖掘招商引资信息，推动以商引商。如湖塘镇商会积极响应党委、政府的"全民招商、以商招商"的口号，徐国忠等 10 多位企业家陪同党委、政府领导到欧美、澳大利亚、土耳其、以色列等地招商，把自己客户的投资信息介绍给政府部门，为湖塘产业结构调整贡献力量。积极引导企业申报各级各类科技项目，推动企业走出去，搭建境内外企业交流合作平台。

常州市总商会还成立了健康顾问团，为民营企业家提供常年的健康咨询、体检分析、就医指导、健康义诊等医疗保障服务。

配合社会治理，协调商会内部矛盾

开展主题法律宣传活动和"送安全进企业"专题教育，例如邀请常州市安全生产宣教中心专家对学员进行授课，通过生动丰富的案例分析，就企业防范法律风险和正确维权作了深入浅出的讲解，帮助参训人员增强了法律意识，提高了防范法律风险的能力。邀请特聘法律顾问，对企业财务人员、销售人员和采购人员开展"防范合同诈骗，合法合规经营"专题警示教育。例如新北区孟河镇商会还曾配合镇经发局开展了对企业负责人、项目主要负责人以及专职安全生产管理人员的安全培训。

商会致力于发挥好企业"娘家人"的作用，积极协调解决会员单位之间的纠纷和矛盾。鼓励各分会做好行业桥梁作用，做好会员、家乡的接待和对接工作，形成商会大家庭和谐发展的良好氛围。鼓励商会内部建立互助基金、保险自助资金等内部融资平台。

各商会每年通过本地人大议案、政协提案等形式，为相关企业和产业的发展、规划提供建设性意见和建议。近年来，各商会主动承接政府职能转移，"一会一品"效应逐步显现，青年企业家联合会助推民企传承、安徽商会"诚信体系"建设、住宅产业商会法律维权、餐饮商会"温馨年夜饭"等社会服务品牌，已成为常州市商会的亮丽名片。通过市总商会运动季、文艺汇演、企业和谐文化建设等形式，展示商会企业家的精神风貌，扩大商会组织的社会效应。

» 1902年，盛宣怀内弟庄茂之在西门表场创设常州内河招商局，由盛宣怀调拨泰昌煤轮1艘，首开武进至溧阳水运航线，成为常州轮船运输业之始。

» 1902年，龙城书院改办为武阳公立小学堂。翌年三月，增设师范一班，系常州最早由地方人士兴办的师范教育。

» 1905年4月，本地士绅恽祖祁、于定一等发起筹建武阳商会。1906年7月武阳商会正式成立。

» 1906年，吴幼儒、胡瑞麟等集资5000元在东下塘开设晋裕织布厂，此为常州有工厂之始。

» 1906年，恽祖祁等人以"发达商业、储蓄大小款项、与各省银行钱庄流通汇划"为宗旨，创办和慎商业储蓄股份有限公司，这是常州出现的第一家银行。

» 1907年，武阳商会在双桂坊新建会所和图书馆，后来又辟建花园，对公众开放，时称"公花园"。

» 1908年3月26日，汉冶萍煤铁厂矿股份有限公司成立并改为商办，盛宣怀任总理。该公司集勘探、冶炼、销售于一身，成为亚洲规模最大、中国第一家用新式机械设备进行大规模生产的铁、矿、煤联合企业。

» 1908年，武阳商会筹款支持创办的常州府中学堂（江苏省常州高级中学前身）建立。

» 1912年7月，武进县商会出资修筑的新丰街完工，当时称商会新筑路，长400余米。

» 1913年2月，奚九如等集资在西门外永宁寺废基上创办厚生制造机器厂，这是常州第一家机器制造企业。

» 1914年5月，张赞墀、祝大椿等集资创办的振生电灯股份有限公司横兴桥发电所建成发电，常州开始采用电灯照明。

» 1914年，大赉机粉厂在米市河开业，为全市用机器磨粉之始。

» 1915年2月20日，在美国旧金山举办的巴拿马太平洋万国博览会上，仁和号的各式孟河绉、老卜恒顺的梳篦等获奖。

» 1916年2月，蒋盘发、刘国钧、赵锦清等集资组建常州大纶织布股份有限公司，在东下塘乌衣桥创设大纶机器织布厂，开常州机织先河。

» 1918年，刘国钧独资创办广益布厂。1923年又在东外直街白家桥西办广益二厂。1927年广益布厂合并于广益二厂。

» 1919年5月7日，为声援北京五四运动，常州成立学界、商界联合会，次日各民众团体成立各界联合会。

5月9日，在体育场举行国耻纪念会，成立武进县抵制日货委员会。

» 1919年8月，钱以振、于定一等创办常州纺织有限公司（亦称"常州纱厂"），成为常州最早的现代化纺织企业之一。

» 1926年9月28日，由武进县商会主办的救火会于大庙弄东口建成警钟楼，上置望台和自来水水箱。

» 1926年，在费城国际博览会上，常州老卜恒顺梳篦店提供的参赛梳篦产品获得金质奖，这是常州产品有史以来在国际上获得的最高奖项。

» 1928年4月4日，武进233件地方产品参加美国费城赛会，有7件获奖。其中纱绢、正绉、刺绣获甲等大奖，绒线、梳篦、裁绒车垫获乙等奖。

» 1928年春，县商会《武进工业调查录》编成，次年8月刊印，主编于定一。《调查录》统计，1927年全县工业手工业有44个行业，4743户，职工30908人，年销各类产品2634万元。其中城区工业有12个行业，93户，职工7000人，年销产品1737万元。该调查录由68名工商界人士协助，费时一年半汇编而成。

» 1929年，广益染织厂的"蝶球""征东"等7个品种，参加在南京举办的中华国货展览会，均获优等奖。

» 1930年2月15日，刘国钧集资接盘大纶久记纱厂，成立大成纺织印染股份有限公司。

» 1932年，刘国钧将广益染织厂的全部资产作价并入大成纺织染公司，改名为大成二厂，原大成纱厂改名为大成一厂。

» 1937年8月，"八一三"事变爆发，常州工商界等各界民众及团体踊跃捐献，支援上海抗敌将士。

» 1949年4月上旬，中共武进城工委给城区各工厂、学校团体发出《告民众书》，号召护厂护校，保护一切公用设施，防止敌人在逃跑前进行破坏，迎接解放。

» 1949年4月23日上午，商会召集各业负责人举行紧急会议，部署各厂商护厂护店，组织消防队员上街维护秩序。下午3时，解放军先头部队进入城区，常州解放，城市秩序正常，商店照常营业。

» 1949年9月28日，常州市第一届各界人民代表会议提出建议，筹组常州市工商业联合会。11月5日，常州市工商联筹委会正式成立。

» 1950年3月，国营建中公司首批批准染织业中的协源、恒源畅、志远、同新、志盛恒5家织厂开始加工代织。

» 1950年8月1日，工商界各业会

员 6000 余人参加反对美帝侵略朝鲜、台湾的示威大游行。

» 1950 年 9 月 20 日,刘国钧从香港回到上海,10 月 1 日回到常州。

» 1951 年 6 月,为响应抗美援朝总会"六一"三大号召,大成公司捐献 50 亿元(旧币),刘国钧个人捐献 2.65 亿元,折算可购战斗机 3 架半。

» 1951 年 12 月,中共常州市委在全市工商界中开展"四反"(反行贿、反欺诈、反偷漏、反暴力)运动。翌年初,"四反"改为"五反"(反行贿、反偷税漏税、反盗骗国家财产、反偷工减料、反盗窃国家经济情报)运动。

» 1952 年 6 月,刘国钧赴京出席全国工商联筹委会,作长篇发言并被推选为全国工商联筹委会委员。

» 1953 年 1 月 10 日至 13 日,常州市工商界第一届代表大会召开,正式成立常州市工商业联合会。

» 1954 年 6 月,大成纺织印染公司所属的大成一厂、二厂、三厂首先实行公私合营,该公司是当时常州最大的企业,也是江苏省率先实行公私合营的企业。

» 1954 年 6 月 3 日至 9 日,市工商业联合会第二届会员代表大会召开。

» 1955 年 11 月,全市工商界学习毛泽东主席指示,"工商业者要认识社会发展规律,看清国家和个人前途,掌握自己命运。工商业者只要接受社会主义改造,走社会主义道路,就可以掌握自己命运"。

» 1956 年 1 月 5 日起,全市开展大张旗鼓地宣传对私改造运动,连日举行各种报告会 188 场次,10 余万人参加,90% 以上的工商业者和家

常州箍箕巷

属接受教育。至 1 月 19 日,全市所有工商业、手工业完成公私合营和合作化改造,当天下午,各界市民 3 万余人在人民体育场召开庆祝大会,并举行游行、游园。

» 1956 年 8 月 15 日,刘国钧出席江苏省人大一届四次会议,当选为副省长。

» 1956 年，全国先进生产者、戚墅堰机车车辆工厂工人庄铭耕创造高速切削法、无针校正法、记号测量法，统称为"庄铭耕工作法"，并在全国推广运用。

» 1959 年 10 月 1 日，全市工商界参加庆祝建国 10 周年盛典，3 万余人举行集会、游行和提灯会。

» 1960 年 4 月 6 日至 29 日，市工商联第五届会员代表大会与市民建第四次会员大会联合召开。

» 1961 年，灯芯绒"一条龙"生产协作线正式诞生，这是常州最早的专业化协作生产线。

» 1963 年 4 月 24 日至 5 月 7 日，市工商联第六届会员代表大会与市民建第五次会员大会联合召开。

» 1966 年 8 月至 9 月，部分"红卫兵"冲击工商联，部分工商业者遭迫害，工商联工作陷入停顿。

» 1975 年 5 月 10 日至 11 日，新华社连续播发《农字当头滚雪球》和《"桌子"上唱起了大戏》两篇常州工业发展的调查报道，《人民日报》《文汇报》和《新华日报》等各大报纸全文转发，常州工业发展的经验和成就得到充分肯定，全国中小城市学常州一时蔚然成风。

» 1980 年 6 月，市工商联在停顿近 14 年之后，正式恢复工作。

» 1980 年 8 月 20 日至 22 日，市工商联七届会员代表大会和市民建六次会员大会联合召开。

» 1982 年 7 月，迎春市场（俗称"香港滩"）创办，市场长 630 米，总面积达 10600 平方米。

» 1983 年 12 月 13 日至 14 日，常州市召开首届个体劳动者代表大会，会上成立了全省第一个个体劳动者协会联合会（1986 年 3 月改名为"常州市个体劳动者协会"）。

» 1984 年 9 月 15 日，由常州继电器总厂和香港好利来有限公司、好盈利公司、宝维达贸易行合资经营的企业——中国常利企业有限公司（后改名为常州市佳创电子有限公司）正式开业，1985 年 10 月正式投产，

常州青果巷

这是常州最早的合资工业企业。

» 1986 年 4 月 17 日至 18 日，刘国钧先生诞辰 100 周年纪念活动在常州举行。

» 1987 年 9 月 8 日至 10 日，常州市首届中外经济贸易恳谈会举行，美国、加拿大、联邦德国等 10 个国家和港澳地区 90 家企业、128 名海外客商与会，共签订成交合同、供货协议、供货意向书 57 件，金额达 2035.75 万美元，签约外资项目 14 个，总投资达 2901.6 万美元。

» 1988 年 5 月 25 日，武进县湖塘镇对外经济贸易公司成立，这是全市第一个乡镇对外经济贸易公司。

» 1988 年 12 月 26 日，由高达实业有限公司与台湾歌力股份有限公司合资的常州市裕达塑料制品有限公司成立，成为全市第一家个体（私营）企业与台商合资的企业。

» 1989 年 11 月，中央电视台播出专题片《海内留青第一家》，专门介绍徐秉方，引起海内外注目。

» 1989 年 12 月 28 日，常州市政府颁发 272 号文件，正式确定常州十大名点：西瀛里迎桂馒头店的小笼包、南大街常州麻糕、双桂坊光明酒酿店的甜白酒、县直街常州糕团店的苏氏糕团、南大街义隆素菜馆的净素月饼和素火腿、双桂坊马复兴面馆的菜肉馄饨、弋桥堍三鲜馄饨店的三鲜馄饨、双桂坊双桂麻糕店的清真麻糕、南大街银丝面馆的银丝面、双桂坊美味斋汤团店的酒酿元宵和四喜汤圆。

» 1990 年 9 月，记述常州市资本主义工商业进行社会主义改造的资料汇编《历史性的变革》一书出版。

» 1991 年 5 月 15 日，经广大消费者投票，常州市评出首批十大名牌商标，分别是金狮牌商标（自行车）、星球牌商标（收录机）、常柴牌商标（柴油机）、红梅牌商标（照相机）、广玉兰牌商标（啤酒）、丽宝第牌商标（塑料地板）、白象牌商标（梳篦）、东风牌商标（手扶拖拉机）、月夜牌商标（灯芯绒）和维达牌商标（饮料）。

» 1991 年，根据《中共中央批转中央统战部〈关于工商联若干问题的请示〉的通知》精神，工商联主要职能将由经济性为主转为以统战性为主，兼有经济性、民间性，工作对象由国营企业向非公有制经济成份转变。

» 1992 年 4 月 3 日，常州柴油机厂被确定为全省第一批 12 家股份制试点企业之一，向社会公开发行股票。1994 年 5 月 6 日，常柴股份有限公司成立，同年 7 月 1 日，苏常柴 A

股在深圳证券交易所挂牌上市，开创中国农机行业和常州市工商企业改制并上市先河。

» 1992 年 11 月 11 日至 12 日，常州市私营企业协会成立并召开第一次代表大会，产生首届理事会，通过《常州市私营企业协会》章程。

» 1992 年 12 月 18 日，经国家对外经贸部批准，位于武进县庙桥乡的武进南华电子元件厂成为自营进出口企业，这是全国村办企业中第一个享有进出口业务自主经营权的企业。

» 1993 年 5 月，由武进芙蓉电子实业总公司与香港灿然有限公司合资创办的亚泰电子有限公司在香港成立，这是乡镇企业经国家批准在香港建立的第一家合资企业。

» 1994 年 1 月 17 日，《中华工商时报》报道常州商会九字宣言：娘家、服务部、政治学校。

» 1994 年 10 月 18 日，以刘国钧夫人命名的刘鞠秀图书馆在刘国钧职教中心隆重开馆。

» 1996 年 7 月 11 日，全国地级市第一份私营企业集体合同在常州签订，江苏省总工会主席徐澄锡出席签字仪式。

» 1997 年 9 月 20 日至 25 日，第一届国际中小企业商品博览会在常州高新技术产业开发区展览中心举行，应邀参会的中外宾客 4000 余人，成交总额 4298 万美元，利用外资签约和发证项目 40 个，总投资 2.49 亿美元，合同外资 1.84 亿美元，有 27 个外商投资项目签订意向书，总投资 1.78 亿美元。

» 1998 年 7 月 12 日，常州首家大型电子产品专业市场常州电脑城开业，电脑城总投资 1350 万元，有商铺 105 个，进场单位 116 个。

» 1999 年 2 月 8 日，红星家具集团捐资 100 万元设立"红星美凯龙光彩助困基金"，这是常州市首个"百万光彩助困基金"，此举被评为"常州市年度精神文明十佳好事"。

» 2001 年 8 月 12 日，江苏省第一所民办高校——建东职业技术学院在常州揭牌，它是经江苏省人民政府批准、教育部备案的民办全日制普通高等学校。

» 2002 年 12 月 3 日，国内首创并获国家专利的新型无链自行车在常州诞生，第一批产品随即销往美国市场。

» 2002 年 12 月 4 日，常州华利达服装有限公司被国家质检总局批准为"免检企业"，成为江苏省首家服装出口免检企业。

» 2003 年 8 月 25 日，常州市区最后一个小商品马路市场——清潭市场撤销。

» 2003 年 11 月 14 日，常州百货大楼股份有限公司经中国商业名牌管理委员会评审、认定，被授予中国商业名牌称号，全省仅 5 家。

» 2003 年 11 月 29 日，位于北环路 32 号的常州红星·世界家具家居广场（红星家世界）开业，这是红星家具集团旗下的第 21 家品牌连锁大卖场，也是该集团精心建设，与著名艺术家陈逸飞联袂打造的第六代品牌市场，更是中国唯一一座具有国际一流生态环境的家居大卖场，是首家挂牌"中国绿色生态家居示范商场"的家居大卖场。

» 2004 年 11 月 25 日，常州市光彩事业促进会设立全省第一个 500 万元光彩基金。

» 2005 年 6 月 15 日，常州市举行民营企业报告会，邀请中共江阴市华西村委员会原书记、华西集团公司原董事长、总经理吴仁宝，申达集团公司董事长张国平和江阴澄星实业集团公司董事局主席兼总裁李兴等著名企业家作报告。

» 2005 年，由常州之江置业有限公司负责改造和开发的常州第一街——南大街商业步行街于 2004 年底建成，2005 年初隆重开街。

» 2006 年 1 月 8 日，由中天钢铁集团捐资 1000 万元重修的奔牛天禧桥暨中天路建成通车。

» 2006 年 4 月 18 日，"2006 年中国慈善排行榜暨十大慈善家发布典礼"在北京人民大会堂隆重举行，商会会员、民营企业家茹伯兴、丁佐宏、刘灿放、黄小平、梅鹤康、董才平、车建新等荣登排行榜。

» 2006 年 7 月 21 日，纪念常州总商会成立 100 周年座谈会在常州大酒店隆重举行，市委书记范燕青在会上作重要讲话。

» 2006 年 7 月 29 日至 30 日，在第三届中国民营企业家大会上，常州的大娘水饺餐饮有限公司董事长吴国强当选为全国餐饮行业中唯一的"2006 年中国民营企业产业领袖人物"。

» 2006 年 12 月 19 日，江苏省常州天合光能有限公司在美国纽约证券交易所上市，交易代码为"TSL"。

» 2006 年，江苏仙鹤食品酿造有限公司（注册商标：仙鹤）和常州糖烟酒股份有限公司瑞和泰副食品商场（注册商标：瑞和泰）2 家商贸企业获商务部第一批"中华老字号"认定。

» 2007 年 1 月 6 日，常州液压成套设备厂千万光彩基金捐赠仪式在武进奔牛镇政府举行，市知名民营企业家、常州液压成套设备厂有限公司董事长沈立捐款 1580 万元建造奔牛公园。

» 2007 年 4 月 11 日，商会副会长、中天钢铁集团董事长董才平荣登 2007 年胡润慈善榜，江苏省共有 9 名企业家榜上有名，董才平以捐资 1900 万元位居第 84 位。

» 2007 年 4 月 20 日，常州市成为全省第三个达到全面小康指标的地级市。28 日，省政府宣布 2006 年武进区总体上达到江苏省全面小康指标。

» 2007 年 4 月 28 日，商会副会长、月星集团董事长丁佐宏在"上海市优秀中国特色社会主义事业建设者"表彰大会上受到表彰，中共上海市委书记习近平、市长韩正等亲切接见了丁佐宏等。

» 2007 年 4 月 30 日，获得首批常州企业社会责任奖的 20 家企业受到表彰。由政府设立并颁发企业社会责任奖的这一做法在全国尚属首例。

» 2007 年 8 月 22 日，市光彩事业促进会举行江苏大娘水饺千万光彩基金成立暨捐赠活动，江苏大娘水饺餐饮有限公司出资 1000 万元成立市区第一个千万光彩基金。

» 2007 年，全市社会消费品零售总额首次突破 600 亿元，达 610.85 亿元，比上年增长 18.42%，社会消费品零售总额增幅位居全省第一。

» 2008 年 1 月 13 日，常州亿晶光电科技公司首次入选《福布斯》中文版中国潜力企业榜，位居中国光伏新能源企业首位。

» 2008 年 1 月 20 日，武进区被评为中国民营经济最具活力县（区）第一名、中国民营经济首选投资县（区）第一名，金坛市跻身中国民营经济最具活力城市行列。

» 2008 年 8 月 16 日，全国首家市级光伏行业组织——常州市光伏行业协会（商会）成立，常州天合光能有限公司董事长高纪凡当选为会长。

» 2009 年 12 月 24 日，30 位常州企业家被表彰为优秀中国特色社会主

常州未园

义事业建设者。

» 2010年1月23日，江苏大娘水饺餐饮有限公司董事长、总裁吴国强，江苏天目湖生态农业有限公司董事长沈祖富分别入选人民日报社、经济日报社主办评选的中国经济百名杰出人物、2009年中国经济十大创新人物。

» 2010年7月，位于武进区邹区镇的中国灯具城通过中国照明电器协会专家组复评，继续保持国字号名称。

» 2010年12月26日，常州市召开"天合光能创新发展销售超百亿"表彰大会。

» 2011年3月16日，江苏维尔利环保科技股份有限公司发行A股，在深圳证券交易所创业板正式挂牌交易，这是常州市首家上市的海归创业企业。

» 2011年4月23日，万博百货在常州首家门店北岸城店开业，万博百货正式成为常州百货零售业的一员。

» 2011年5月26日，常州梳篦厂有限公司、常州新世纪商城、常州义隆素菜馆入选商务部中华老字号振兴发展（专家）委员会评定的第二批"中华老字号"。至9月16日，常州瑞和泰副食品商场、常州市梳篦厂有限公司、常州新世纪商城、

常州义隆素菜馆公司、常州仙鹤食品酿造公司、常州南大街双桂坊美食街、常州茶叶公司、常州迎桂餐饮公司、常州银丝面馆公司、常州府前楼餐饮公司、常州三鲜美食城、常州马复兴餐饮管理公司、常州麻糕店公司、金坛丰登酒业公司获得"中华老字号"称号。

» 2011年6月3日，金鹰嘉宏购物广场试营业，这是金鹰国际集团在常州开设的首家百货商店。

» 2011年12月30日，亿晶光电科技股份有限公司A股重组，正式在上海证券交易所上市，成为全国唯一在上海证券交易所A股上市的纯太阳能电池组件生产企业。

» 2012年初，由全国工商联宣教部指导、中华工商时报社主办的"2011年度工商联（商会）工作十大亮点和十大创新"推介评选活动揭晓，常州市工商联"建立民企全方位服务中心"荣获"2011年度全国工商联（商会）工作十大创新"。

» 2012年9月20日，常州市首家纯民营投资文化产业项目中国·环太湖艺术城开工建设，总投资约36亿元，占地20公顷。

» 2013年11月12日，首届创业常州十大经济风云人物揭晓，天合光能（集团）公司董事长高纪凡等10

人人选。

» 2013 年 12 月 12 日，2013 年度全国工商联会员企业常州天合光能有限公司和常州星宇车灯股份有限公司的车用 LED 光源系统开发项目分获科技创新企业奖、科技进步优秀奖。

» 2014 年 2 月 28 日，全省年内引进的首个德国高级专家花落百兴集团下属企业常州百佳薄膜科技有限公司。

» 2014 年 3 月 20 日，常州市获批成为国家电子商务示范城市。

» 2014 年 4 月 22 日，常州瑞杰塑料股份有限公司获批在新三板（非上市股份公司股份转让系统）挂牌，成为全市首家在新三板上市的企业。

» 2015 年 1 月 13 日，江苏上上电缆集团有限公司获 2014 年江苏省质量奖，成为全市首家获此殊荣的企业。

» 2016 年 2 月 23 日，"2016 常州 - 上海经贸合作活动月"在上海开幕，这是常州首次以"活动月"形式举办经贸合作活动。

» 2016 年 3 月 16 日，江苏上上电缆集团有限公司以"四个人人"为核心的全员绩效体验模式获第二届中国质量奖提名奖，成为获国家级政府质量奖项的首家常州企业。

» 2017 年 3 月 29 日，江苏省工商局发布全省区域消费环境指数，常州市位居全省第一。

» 2017 年 7 月 11 日，我市成立常州市民营企业家队伍建设"百千万工程"领导小组，落实市委、市政府《关于进一步加强民营企业家队伍"百千万工程"的实施意见》（常发〔2017〕13 号）文件，开展为期三年的民营企业家培训工作。

» 2017 年 8 月 29 日，由全国工商联发布的"2017 年中国民营企业 500 强"榜单在山东济南揭晓，常州市 10 家企业入围。

» 2017 年 9 月 3 日，商务部发布 2017-2018 年度电子商务示范企业名单，创意产业基地企业复材（江苏）电子商务有限公司成为常州唯一入选企业。

» 2017 年 9 月 29 日，常州天合光能有限公司首席科学家、副总裁，光伏科学与技术国家重点实验室学术副主任皮尔·沃林顿博士获 2017 年度中国政府友谊奖，是常州首位获此奖项的外国专家。

» 2017 年 10 月 19 日，在陕西省西安市举行的全国纺织行业首批"中国纺织大工匠"命名推介大会暨工匠精神与诚信文化发展论坛上，常州市黑牡丹（集团）股份有限公司技术总监邓建军和五洋纺机有限公司董事长王敏其被命名为首届"中国纺织大工匠"。

» 2017 年，常州市被纳入全省首批开展农贸市场（菜市场）公益性改革试点城市。

» 2018 年 1 月 17 日，红星美凯龙家居集团股份有限公司在上海证券交易所主板挂牌上市，股票简称美凯龙，股票代码 601828。

» 2018 年 3 月 13 日，常州中联飞机制造有限公司生产的"哨兵"系列直升飞机组装下线并完成试飞，这是全国首架由民企制造的两座直升机。12 月 25 日该型飞机获民航华东地区管理局颁发的个人自制航空器实验类适航证，是中国民航第一张实验类适航证。

常州古运河畔

» 2018 年 8 月 29 日，全国工商联与辽宁省政府合作召开 2018 年中国民营企业 500 强峰会，发布"2018 年中国民营企业 500 强"系列榜单及分析报告。常州市 9 家企业入围 500 强榜单，分别是中天钢铁集团有限公司（第 29 位）、亚邦投资控股集团有限公司（第 131 位）、常州天合光能有限公司（第 169 位）、江苏金峰水泥集团有限公司（第 286 位）、百兴集团有限公司（第 296 位）、东方润安集团有限公司（第 321 位）、江苏金昇实业股份有限公司（第 392 位）、新阳科技集团有限公司（第 417 位）、江苏国强镀锌实业有限公司（第 451 位）。

» 2018 年 12 月，常州市开展"改革开放 40 周年杰出民营企业家推选活动"，推选出 50 位杰出民营企业家予以通报表扬，充分肯定他们为常州经济社会发展作出的贡献，引导全市民营企业家再立新功。丁山华（江苏上上电缆集团有限公司董事长）、丁佐宏（月星集团有限公司董事局主席）、尹国新（晨风江苏服装有限公司董事长）等 50 位企业家被评为"常州市杰出民营企业家"。

» 2018 年 12 月，为庆祝改革开放 40 周年，中共江苏省委统战部、江苏省工商业联合会（总商会）推选了一批为江苏改革开放作出突出贡献的民营企业家。在充分酝酿、反复比选、集体研究基础上，推选产生100名民营企业家为"改革开放40年百名杰出苏商"。常州市9名民营企业家入选，分别是（以姓氏笔画排序）：丁山华，江苏上上电缆集团有限公司董事长；丁佐宏，月星集团有限公司董事局主席；车建新，中国红星家具集团有限公司董事长；周立成，新誉集团有限公司董事长；茹伯兴，百兴集团有限公司董事长；俞金坤，今创集团股份有限公司董事长；高纪凡，天合光能股份有限公司董事长；董才平，中天钢铁集团有限公司董事局主席；潘雪平，金昇实业股份有限公司董事长。

后记

　　2018 年，为庆祝改革开放四十周年，市工商联编辑出版《新常商 新商道》一书，以企业家为代表，以纪实文学为手法，形象展现了常州工商界人士的奋斗历程，揭示了其中蕴含的商道精神和成功经验。2019 年，为庆祝新中国成立七十周年、常州解放七十周年，响应全市的总体部署，市工商联紧扣时势，回应号召，以"勇争一流话常商"为主题，再续新篇，再炼心魂。

　　本书以史为纲，以精神为导向，以群雕为载体，力图站在中国近现代百年转型的高度，重新审视常州工商业不平凡的发展历程，梳理各时期常商的历史担当、创造和奉献，深入挖掘和集中展现具有常州根源、常州特色和常州气度的人文精神，以史明事，以史励志，以史为鉴。

　　本书编写过程中，得到很多方面的关注和支持，市政协文史委出谋划策并指导突出主题；市委统战部、党建办、党史工委、档案局、市科教城管委会、工信局、商务局、上海社科院、常州大学，市晋陵投资公司、民间文艺家协会故事学会、餐饮协会等单位的领导和资深业务骨干提供资料和协助审稿。

　　感谢常州市社科联有关领导和常州有谱传媒有限公司组织采编团队，大家精诚合作，扎实采写、编辑、设计排版和校对，体现了关爱支持常州民营经济发展的现实担当，以及弘扬新时代常州精神的共同愿景。

　　本书高效运作，历时数月，终于付梓。因时间和水平有限，尚有不当和失误之处，敬请各方批评指正。

编 者
2019 年 6 月